料理人という仕事

稲田俊輔 Inada Shunsuke

★——ちくまプリマー新書
462

目次 ＊ Contents

はじめに

これは、これから料理人になりたい人のための本です。しかし同時に、あらゆる「仕事」に携わる人々のための本でもあります。特に、自分が好きなことを仕事にしたい人、している人にとっては、ある意味身につまされる内容になるはずです。さらに言うと、最終的に会社組織を離れ、いわゆる「独立」という形で独り立ちを果たしたいすべての人たちのための本でもあります。

本書では、料理人とはどういう仕事なのか、どうやってなればいいのか、どう経験を積んで最終的に何を目指すのか、といったことを、私がこれまで経験してきたことや、見聞きしてきたリアルな料理人の姿を通じて紹介していきます。それは料理に限らない、普遍的な仕事論でもあります……と言いたいのはやまやまなのですが、正直私は本来、そのような立派なことを語れるような人間ではありません。これは卑下でも謙遜でもないのです。そもそも料理人になったきっかけだって、

「仕事したくない。社会怖い。でも、料理の仕事ならなんとか楽しんでやっていけるかもしれない」

というものでしかありませんでした。


そんな始まりであり、今となっては思い出したくもないような数々の失敗もありましたが、いつしか私は料理人こそ自分の天職であると確信するに至りました。もし今後、宝くじに当たったり油田を掘り当てたりして一生遊んで暮らせる身分になったとしても、料理人の仕事をやめることは絶対に無いでしょう。

これまでで自分の周りでも、少なからぬ人々が料理人の道を諦め、この世界を去っていきました。しかし残った人々は誰もが自分と同じように、料理人として幸せそうな毎日を送っています。とあるオーナーシェフは、「料理人の仕事はめっぽう大変だけど、極めて娯楽性の高い仕事である」と断言していました。そう、この仕事はとにかく楽しいのです。

この本は料理人になるための本ですが、もう少し正確に言うと「幸せな料理人になるための本」です。私と同じようにすればそうなれる、などと言う気はもちろん一切ありません。幸せな料理人に至るまでの道筋は、十人十色、人それぞれ。そうなるためには自分に何が必要で、何を大事に、いかに考えて行動するべきなのか。本書がそれを考えるためのひとつの指針となれば幸いです。

1　料理人ってなんだろう

なぜ料理人を目指すのか

おいしい料理を食べるのは、人生最大の喜びのひとつです。

誰だっておいしい料理が食べたいですし、おいしい料理に出会うのは幸福以外の何物でもありません。だから、そんな料理をただ食べるだけではなく、家族や友人、そして自分自身のために作ってみたいと考えるのは、とても自然な感情です。さらに、単にそれだけでは飽き足らず、世の中のもっと多くの人に食べてもらいたい、そして叶うことならばそれを仕事にしたい、と思った時、「料理人になる」という人生の選択肢が生まれます。

ミュージシャンを目指す人は、音楽が好きで好きでたまらない人です。漫画を読むのが好きで好きでたまらない人の中から、漫画家が生まれます。映画監督も小説家もファッションデザイナーもそうです。料理人も基本的には同じこと。しかし幸いなことに、料理人になること自体は、そう難しいことではありません。ミュージシャンや漫画家として食べていけるようになるのが極めて「狭き門」であることに比べれば、料理人は極端な話、誰にでもなることができます。ただし、それを一生続けていけるかどうか、そしてその一生がどのような「幸せ」をもたらしてくれるのか、それはまたまったくの別問題。

この本は、せっかく料理人になるという人生を選択するのであれば、どういう料理人になればその幸せを最大化できるのか、ということをテーマにしたいと考えています。正直なところ、明確な答えは私も持ってはいません。しかし少なからぬ年月にわたって料理の仕事に携わってきた中で、そのヒントは膨大に得てきたとも思います。それをみなさんと共有しながら、「幸福な料理人」になるとはどういうことなのか、を一緒に考えていければと思っています。

かつて料理人は「落ちこぼれの行き着く先」だった？

食べることが好きで料理に興味がある人が料理人になる、と当たり前のことのように書きましたが、それは昔からずっとそうだったわけではありません。昭和の時代の料理人に「なぜ料理人になったんですか？」と聞いたら、おそらくその答えのほとんどは「手に職を付ければ食いっぱぐれないから」というものだったんじゃないかと思います。勉強が苦手、進学するつもりはない、ならば専門的な職人になった方がいい、しかし建設関係は体力に恵まれてないと厳しそうなイメージ、ならば料理人はどうか、といったような人生の選択です。

私が初めて料理人になりたいと思ったのも、そんな昭和の最後の時代でした。私は中高一貫のいわゆる典型的な進学校に通っていたのですが、中学から高校に上がる時、そのままエスカレーター式に進学するのではなく、調理師コースのある高校に転学したいと両親に訴えたのです。親はそれを一笑に付しました。私がくだらない冗談を言っているとでも思ったようで、まともに取りあってもくれなかったのです。

実のところ私自身もそれほど強い決意があったわけでもなく、そこはあっさり引き下がりました。しかし、もしそこで両親が真剣に止めてくれていたら、私ももう少し真剣に自分の主張を通そうとしたかもしれません。つまり両親から見れば、進学校に通い、大学を出て、普通に就職するというルートが担保されている人間が料理人になろうとするなんて、どう考えても有り得ない「馬鹿げた冗談」以外の何物でもなかったのです。交渉以前の話だったというわけです。

高校の頃の友人Sは、当時の言葉で言う「不良少年」でした。ただし不良と言っても今考えたら可愛《かわい》いものです。別に、窃盗、暴行、詐欺といった犯罪に手を染めるわけでもなく、校則を片っ端から破り、教師に反抗的な態度を取り、学校もサボる、といった程度の話です。しかし、Sの通う高校もまた別の進学校であり、その高校では前代未聞の不良生徒と大騒ぎになってしまいました。

結局Sは自主退学という形になり、親御さんは彼を親戚の営む寿司店に住み込み店員として強制的に送り込みました。最初はなんだかんだあったようですが、その後Sは修業に励み、立派な寿司職人になったようです。

当時の料理人という職業に対する世間の感覚とは、それがすべてとは言いませんが、このような「落ちこぼれが行き着く先のひとつ」というニュアンスが多分にあったはずです。

現代においては世間が料理人を見る目もずいぶん様変わりしました。テレビには毎日のように「一流シェフ」が芸能人の如《ごと》く登場し、小学生のなりたい職業ランキングにもシェフやパティシエは常に登場します。ただし、当たり前ですがすべての料理人が憧れや尊敬の対象になり得るわけではなく、「一流シェフ」になれるのもごくごく一握りの人間です。そこにあまり夢を抱きすぎると、その先に待っているのは挫折だけ、ということにもなりかねません。

とあるシェフのホームパーティ

料理人の仕事とは何ですか？　と聞かれれば、まずは「おいしい料理を作ってそれをお客さんに提供すること」と答えるでしょう。しかしそれは、それだけで済むほど単純な話ではありません。

友人の女性から興味深い話を聞いたことがあります。彼女は飲食関連の仕事というわけではありませんが、食べ歩きが好きな、いわゆる「グルメ」です。

彼女はある時、知り合いからホームパーティに誘われました。そしてそこで料理を作るのは、プロの若いシェフだと言うのです。シェフは本場でも修業経験のあるエスニック料理のシェフで、その後国内のお店でも働いていたのですが、ついに独立して自分の店を持つことになりました。その時はまだ開店準備中でオープンする予定の自分の店のプロモーションも兼ねて、エスニック料理好きのグルメが集うパーティで料理を引き受けることになったというわけです。

そんな機会、滅多にあるものではありません。友人は大喜びでパーティに参加しました。

「本場そのままの一切妥協のない料理で、それでいて本場で食べるよりさらにダイナミックかつ繊細、あんな料理今まで食べたことがないっていうくらい、夢のようにおいしかった！」

というのが、その時の彼女の感想です。その後、シェフのお店は無事オープンすることになりました。彼女はもちろん喜び勇んで、開店祝いも携えてその店を訪れました。しかしその日、彼女はすっかり肩を落として帰ってくることになります。

「ショッキングなくらいおいしくなかった。もちろん決してマズいっていうわけではないんだけど、特に光るものも無く、平凡でありきたりで、一言で言うとつまらない料理ばかりだった。あのホームパーティの日のことは本当に夢だったんじゃないかと思うくらい別物。たぶん二度と行かないと思う」

私はそれに対して、こう答えました。

「そんなの、当たり前だよ」

これがどういうことかわかりますか？　少し説明しましょう。

料理人のハンディ

料理人は、実はとんでもないハンディの中で料理を作っています。そのハンディにはたくさんの要素が含まれますが、まずひとつ挙げられるのは「原価」の縛りです。原価とは簡単に言えば材料代。良い材料や使いやすい材料を使えば、原価は果てしなく上がっていきますが、当然ながら売価には限度があります。料理人は多かれ少なかれ、どこかで妥協を強いられることになります。

次に「オペレーション」の縛りです。オペレーションという言葉は耳馴染みがないかもしれませんが、簡単に言い換えれば「作業」です。本来はもう少し広い意味があるのですが、ここではいったん、キッチン内で行われる作業に絞って説明します。

飲食店は基本「待ち」の商売です。いつどんなお客さんが来て何を注文するかわかりません。そして注文された料理は、可能な限り迅速に仕上げてタイミング良く提供する必要があります。なので飲食店では、注文のたびに一から料理を作ることはほとんどありません。ある程度途中まで準備しておくのが普通で、これを「仕込み」と言います。料理人は日々、何がどれだけ注文されるか予測して食材の発注を行い、それを計算して仕込みも行います。予測が外れて廃棄が出たら、わずかな儲《もう》けなんて簡単に吹っ飛びますから、仕込むものがなるべく日持ちするような工夫も必要です。それは味付けや火の通し方とも関係してきます。パズルを組むような難解な仕事です。ここでもやっぱりある種の妥協が強いられます。

誰にとってもおいしい料理なんか存在しない

ハンディには他にもいろいろあるのですが、すべて挙げていくとキリがないので、最後にひとつ、最も重要なことについて説明しておきます。それは、誰にとってもおいしい料理なんてこの世に存在しない、ということです。

人はなんとなく、料理はおいしくなればなるほど多くの人に好まれる、と当たり前のように思っています。しかしこれは、そんな単純な話ではありません。言うまでもなく人にはそれぞれの「好み」というものがあるからです。なので料理人は往々にして「いかにおいしいか」よりも「いかに多くの人に好まれるか」を考えて料理を作る必要に迫られます。

そして厄介なことに、世の中の多くの人が好むものと、「グルメ」や「マニア」と呼ばれるような人々が好むものは、大きく食い違うことが結構あります。そしてそこには価格の問題も大きく絡んできます。グルメな人々の期待に応えられるよう、値段は高くても抜群においしいものを作ったつもりでも、それは大多数の人にとっては「単に高いだけでちっともおいしくない何か」になってしまうことも少なくない。逆は逆で、今度は「単にありふれた料理」になってしまい、特に評価も得られず、お店同士の競争にも勝てなくなります。料理人は、そのどちらにも偏りすぎない「ちょうどいいポイント」を、常に見極める必要があるのです。

「自分が本当においしいと思うもの」を追求し続けるのは大事なことであり、そしてそれこそが料理人にとっての生き甲斐《がい》です。しかし、時に応じてそれをいったん棚にあげることが必要になるのもまた、料理人の宿命です。

純粋においしいものだけを追求したいなら、プロにはならずハンディの無いアマチュアのままの方が良いのかもしれません。そして実際、本気で料理を趣味にしている方の料理は、時にお店の料理を易々《やすやす》と超えます。ではそれでその方がそのままプロになれるかというと、それはまったくの別問題です。

ホームパーティの料理はなぜ特別おいしかったのか

先のシェフは、ホームパーティの時は食べる人たちが全員グルメなエスニック料理マニアばかりだとわかっていましたから、そこに合わせた料理を作るだけで良かったのです。材料代も、金に糸目は付けないとまでは言わないものの、お店よりはずっと制約が少なかったはず。作る料理は最初から自分で決めて、その場で作りたての料理だけを用意すれば良かったので、オペレーション上の制約もやっぱりありません。つまりその日の料理はハンディのほとんど無い料理だったということになります。

シェフが開いたお店は、決して一等地とは言えない下町の一角にありました。そういう「地域密着型」のお店は、近所の人々に気軽に利用してもらわなければなりません。そのためには、価格は可能な限り抑え、注文を次々に捌《さば》き、エスニック料理にあまり慣れていない人にも親しみやすい味に仕上げる必要があります。それは言い換えれば、何から何まで前記のようなハンディが大きいということでもあります。

私はそのことを友人に説明しました。友人はすっかり納得したようで「二度と行かない」という前言は取り消しました。その店は最初からそういう店だという認識で行くならば、やっぱりいい店であるに違いないからです。実際その店は、地元で愛される店になりました。最近、最初の店よりも更に庶民的なスタイルの二号店を出店したようです。

料理人ってなんだろう

料理人とはどういう存在なのか。そのごくごく一端をお話ししてきました。たったこれだけでも、ドラマや漫画に描かれる料理人の姿や、グルメ番組で演出されるスターシェフの姿と、現実のそれが大きく異なることはなんとなくおわかりいただけたのではないでしょうか。そしてもしかしたら、のっけから失望した方もいるかもしれません。

しかしそれでも、私自身は、料理人はやっぱり最高の仕事だと思っています。私が本格的に料理人の道を歩み出してから、おおよそ二五年が経ちましたが、その間一度も辞めて他の仕事に就こうと考えたことはありません。生まれ変わってもやっぱり同じ仕事を選ぶのではないでしょうか。これまでいろいろとしんどい経験もありましたが、楽しさが常にそれを上回り続けてきたからです。

料理人がどう「しんどい」のか。そしてどうすればそれを「楽しむ」ことができるのか。次章以降ではそのことについて、具体的に話を進めていきたいと思います。

2　そのルートにはいろいろある

料理人になるためのルート

プロの料理人になるためには、いくつかのルートがあります。

まず王道は、なんと言っても調理師学校を卒業し、そこからの紹介などで然《しか》るべき飲食店やその運営会社に就職するルート。就職のしやすさやその後のキャリアアップを含めて考えても、このルートが最も確実なのは間違いありません。私自身は結局、調理師学校を経ないままプロになりました。それでもなんとかなりはしましたし、ある意味それで良かったとも思っていますが、それはあくまで結果論でしかないのも確かです。

とは言え調理師学校は、決して安いとは言えない学費がかかりますし、当たり前ですが卒業まで時間もかかります。一年や一年半といった短期コースもありますが、基本は二年以上。なので親の理解と協力が必須ですし、それ以上に自分自身の人生に対する計画性が必要です。

しかし世の中は環境に恵まれた人ばかりではありませんし、自分の人生を常に計画的に考えられる人ばかりでもありません。そんな場合は「思い立ったが吉日」とばかりに、いきなりお店に飛び込んで経験ゼロから修業を始める、という手もあります。「飛び込む」と書きましたが、求人サイトを見れば「経験不問」と書かれた求人はいくらでもあります。良くも悪くも今は飲食業界全体が慢性的な人手不足なので、ある意味「選び放題」でもあります。ただしそこにはある種の落とし穴もあるのですが、そのことについてはまた後ほど。

なんとなく成り行きでプロになってしまった人、というのも実は数限りなく存在します。典型的なパターンとしては、学生時代に飲食店でアルバイトを続けていて、結局そのままその社員になる、みたいな。あまりポジティブな選択には見えないと思うかもしれませんが、それはそれで立派な人生の決断です。運命って案外そういうものだったりします。

一度別の業界に就職した後、中途で飲食業界に転職するというのもよくあることです。こういう人々は、飲食業界にとってはある意味尊い存在です。なぜならば、一度別の社会を知った上で「やっぱり自分の生きる道は飲食だ」と、明確な意思を持った存在だから。既に社会常識を身につけている、というのも実は大きな強みです。こういった人々は最初、料理の経験や技術が無いことに対して躊躇《ためら》いや引け目を感じていることが多い印象ですが、そこを心配する必要はありません。必要な技術は後からいくらでもついてきます。

四〇代、五〇代以降、人生の後半戦でいきなりプロになる人もいます。世の中では、趣味が嵩《こう》じて自分で蕎麦《そば》屋や居酒屋などの店を始め、失敗して退職金がパー、みたいなエピソードが面白おかしく語られたりもしますが、実際は成功して幸せな後半生を歩む人も少なくありません。運命の分かれ道は「おいしい料理さえ出せば店は成り立つ」という世間にありがちな誤解について、どれだけ正しく理解しているかどうかです。このことはもちろん年代を問いません。

さて、この本のテーマは、いかにして「幸福な料理人」になるか、です。どういうルートでプロになるかは、その最初の重要なステップ。ではどういうルートを選択するのがベストか、という話に行く前に、飲食業界の厳然たる事実についてお話しします。

「業態」とは何か

世の中にはいろいろなジャンルのお店があります。和食、フレンチ、イタリアン、エスニックなどの総合レストラン、そして寿司《すし》、ラーメン、カレーといった専門業種のいろいろ。そしてそういった縦割りのジャンルだけでなく、高級店、準高級店、カジュアル店、大衆店、低価格店という、言うなれば縦の序列のようなものもあります。

この縦の序列は「客単価」という言葉でも表されます。客単価とは、そのお店で支払う一人当たりの平均的な金額です。例えばイタリアンひとつ取っても、客単価数万円の高級店もあれば、五〇〇〇円程度で収まるカジュアル店もあります。みなさんよくご存じの「サイゼリア」は、平均客単価が一〇〇〇円を切っており「低価格店」と言えるでしょう。

この、縦と横のマトリックスに区切られたひとつひとつのマス目が「業態」です。世の中には実にさまざまな業態の店がある、ということになります。

大前提として、業態ごとに貴賤《きせん》はありません。それぞれがそれぞれの形で社会に貢献しており、ビジネスとして考えたときも、それぞれの難しさ、そしてやり甲斐と楽しさがあります。それぞれのお店にファンがいて、ひとりひとりの料理人は、自分が魅力を感じる業態で働くことになります。

ただし、社会の中における飲食店の位置付けということであれば、業種ごとの序列のようなものもあるのもまた確かです。世間一般の目から見れば、伝統的にフレンチは地位の高い業態です。イタリアンはそれに次ぎますが、最近ではむしろ逆転しているような印象もあります。日本料理や寿司はまた、別軸でその格式を認められています。そしてその序列は、そういったジャンルごとの違いより、むしろ「客単価」の違いの方にはっきり現れます。身も蓋も無い言い方をすれば「高い店ほど尊重される」、これが厳然たる事実です。

世間の目がどうであろうと自分には関係ない、と言えばそれまでですが、飲食業界の内部事情の面から見ても、やはり業態ごとの序列には一定以上の意味があります。それをあえてシンプルに表現するならば、「上流から下流に移ることは簡単だが、下流から上流に遡ることは難しい」ということになるでしょうか。

高級割烹出身、AくんとBくんのライフヒストリー

わかりやすく説明するために、ある若者Aくんのライフヒストリーを追ってみましょう。

調理師学校を卒業したAくんは、狭き門をくぐって日本料理の名店と言われる高級割《かっ》烹《ぽう》に入店を果たします。最初は補助的な雑用ばかりでしたが、真面目にそれをこなしているうちに、だんだんいろいろな仕事を任せてもらうようになり、数年後には中堅と言っていいポジションに昇り詰めます。

Aくんはここで、もう少し別の広い経験を積みたいということを考え、まださほど有名ではない新進気鋭のこぢんまりとした日本料理店に移ります。既に一通りの仕事がこ

なせるAくんはそこでも重宝がられ、いつしかオーナーシェフに次ぐ二番手となり、常連さんたちからも可愛《かわい》がられます。

そんな常連さんのひとりに、手広く飲食店を経営している社長さんがいました。Aくんはその社長が新しく始める高級居酒屋の料理長としてスカウトされます。オーナーシェフとの話もちゃんと付けて店を移り、今度は多くのスタッフの上に立って店を繁盛店に導きます。その会社では指導的立場に出世して、給料もぐんぐん上がります。

しかしAくんはやっぱり、自分の手で作った料理を目の前のお客さんに喜んでもらう、ということが自分の元々やりたいことだったと思い出し、独立を決意、地元でカウンターメインの居酒屋を開業します。これまで培った技術と経営知識を活《い》かして、その店は「一見気軽な居酒屋なのに、割烹レベルの気の利いた料理が出てくる店」という評判を呼んで繁盛します。

……これは、まあ、極めて理想的でスマートな一例で、実際にはもっと泥臭いパターンだってあります。

Bくんは Aくんと同じように名店で修業をスタートしますが、あまりの仕事の厳しさに、逃げるようにそこを辞めてしまいます。ふらふらしてるのもなんなので、とりあえず求人サイトで見つけたもう少し気楽そうな和食系の店に移ります。そこから同じような店を転々とします。しかしその間にも案外堅実にお金を貯め、いよいよ独立です。開業資金の安さや将来性といった観点から、ラーメン店を始めることにしました。参入障壁が低い（つまり、お店を始めること自体は比較的容易な）かわりに競争も激しいジャンルですが、「日本料理の名店出身の板前が作る無化調ラーメン」ということを売りにして、そこそこうまくやっています。

「高い店」からスタートするに越したことはない

ここで念のためもう一度強調しておきますが、高級日本料理店も街場の割烹も居酒屋もラーメン店も、業態は違いますが、そこに貴賤はありません。AくんもBくんも堂々たる成功者であり、現実にはそこまで至らない無数のCくんがいます。二人に共通するのは、「上流から下流に」ステージを移す中で、その時その時の彼らなりの最善を尽くし、結果的に成功を導いたということです。

　実はこの逆はなかなか成り立ちません。例えば居酒屋でスタートした人が高級居酒屋に転職するところまではなんとかなりますが、じゃあそこから高級割烹に移って、そこで料理長を目指せるかと言えば、それはなかなか難しい。もちろん不可能ではありませんが、それは「心機一転、もう一回最初からやり直し」というくらいの覚悟が必要です。和食以外のジャンルだってもちろん同じです。高級イタリアンからカジュアルイタリアンへの転身は簡単ですが、その逆は、不可能ではないけれど難しい。

　料理人にとっての最終目標は「自分の店を持つこと」でしょう。実はこればかりがゴールではないのですが、そのことについてはまた後で詳しく触れるとして、ここでは一旦その前提で話を進めます。

　みなさんは最終的にどういう店を持ちたいでしょうか。高級店のスターシェフや一流パティシエを経て自分もそういう店を持ちたい、という人もいるでしょうし、カレーが好きだからカレー店をやりたい、カフェ巡りが好きだからカフェを開きたい、という人もいるでしょう。料理人になるということは、そんな夢に踏み出すための第一歩です。

しかしある意味当たり前ですが、これから料理人になりたいと考える人は、まだ世間を知りません。飲食業界のことはもっとわかりません。特に中高生であれば、高級店のシェフになりたいと言っても、その高級店とやらが実際どういう店なのかはほとんど知らないのではないでしょうか。カフェが好きで行き慣れていても、お客さん側からは直接目に触れない内情がどういうものかは想像すらできないはずです。

そういう状態で、自分の進む道をあまりガチガチに決めてしまうのはもったいない話です。世の中には、まだ知らない無限の可能性があるからです。だからなるべく「ツブシが効く」ルートを入り口にした方が良いのは間違いありません。そういう意味で、有り体に言うならば「なるべく高い店」からスタートした方がいいということは言えるのではないかと思います。世間をまだ知らない若い人は特にそうです。

カレー屋さんがやりたいからカレー屋さんで修業を始める、というのが間違っているとは言いません。しかしできることなら、その目標のためには、もっと伝統的な部分から包括的な技術体系が学べる総合的なインド料理レストランを経た方がベターですし、なんならその前に、飲食業全般にわたってツブシの効く技術や知識を叩き込まれるフレンチや日本料理を経験しておくと、それは一生に渡ってたいへんな強みになります。

ただし正解はひとつではない

ここまでの話と矛盾しているようで実はしていない話をします。

最初に、別の業界を経て飲食に飛び込むのも、なんなら人生後半からそれを志すのもアリと書きました。この場合は、既にある程度世間を知っていることが大きな強みになります。既にある程度様々なジャンル、価格帯のお店を自分自身がお客さんとして楽しんでいるし、社会人としてそれらの店の内情がお客さん目線で見るそれとは多かれ少なかれ異なっていることも察することができるからです。ただしその場合も、最終的に自分がやりたい店よりワンランク上からスタートすることは、後々かなり効いてくると思います。

アルバイトから成り行きでプロになるルートもアリ、とも書きました。この場合は「内情」を知り尽くしたところからのスタートなので、ここにもまたその強みがあります。そしてこれもやっぱり、どこかの時点で少しだけでも上位ランクの店に移り、そしてまた戻ってくるということも検討したほうが良いと思います。私はそういう人を幾人か見てきていますが、例外なく、ひと回り立派に（あえて上から目線で言えば「使えるヤツ」に）なって帰ってきます。

こういうことは、若い人たちも知っておいて損はないと思います。つまり料理人になるかどうかの判断を少し先送りにして、進学なり、他の業界に就職することも、あながち遠回りとは言い切れないということです。

いろいろと書いてきましたが、結局のところ「正解」はありません。もう少し正確にいうと、様々なルートに正解と不正解があるということかもしれません。料理人に限らず、人生は選択の連続であるわけですが、そこでより良い選択をするために必要なものは「知識」です。この後の章で、さらにその知識を増やしていきましょう。

3　どんな人が向いているのか

料理に興味の無い天才料理人

第1章で、音楽好きがミュージシャンになるように、食べることが好きな人が料理人になる、と書きました。これはもちろん基本的にはそうなのですが、実は全員が全員に当てはまるわけでもないのも事実です。プロとして仕事には熱心なのに、自分が食べるものに関してはそんなにこだわらない料理人は結構います。極端な話、別に毎日コンビニ弁当とカップラーメンでも特に構わない、そういう人だっています。

つまりそういう人にとって、料理人というのはある種の技術職であって、あくまでそれを仕事としてやり切ることだけにしか興味がない、とも言えます。そしてそういうタイプはなぜか、得てして仕事ができます。邪念無く職務に対してのみ忠実だからでしょうか。料理に私欲を挟まない、純粋な職人とも言えるのかもしれません。

かつて私が一緒に働いていたHくんも、まさにそんなタイプでした。まだ二〇歳そこそこだったのですが、とにかく手が早くて仕事が綺麗《きれい》。仕事中の動きにまったく無駄がなく、休む事なく常に動き続ける彼は、同じ時間で普通の人の一・五倍、いやどうかすると倍近い仕事をこなしました。その姿はどこか、一流スポーツ選手のプレイを見ているようでした。そこだけ見れば、まさに料理人になるべくして生まれてきたような、ある種の天才です。

しかしその彼がまさに、自分の食生活にはまったく無頓着なタイプ。店でのまかないは面倒くさいからと、菓子パンやスナック菓子を食べていたのもよく見ましたし、聞くと一人暮らしの家でも一切料理はせず、コンビニ弁当ばかりとか。

じゃあ味音痴なのかと言うと、決してそんなことはありません。時々、

「今日のこれちょっといつもと味が違う気がするんですけど」

と確認を求められるそれは、彼にそうやって言われて味見しなければ私も気付かない

微妙な違いだったことも何度かありました。

またある時、定番料理の作り方を少しだけ変更したことがありましたが、彼だけは納得せず、

「僕はどうしても前の作り方の方がおいしいと思うので、僕だけでもそっちでやっていいですか?」

と訴えてくるような、味にはあくまで真摯な料理人でもありました。

天才料理人、まさかの転身

私は最初、岐阜で彼と働いていたのですが、あまりにも仕事ができるので、東京で私が料理長として新しい店を立ち上げるときに半ば強引に誘って二番手として連れて行きました。今思っても、彼なしにその店の立ち上げは叶わなかったと思います。

しかし、立ち上げから二年ほど経った時、彼は店を辞めたいと言ってきました。店を辞めるだけでなく、料理人の職から去るのだと。驚いたことに彼は「プロボクサーにな

りたい」と言うのです。

私は止めませんでした。もちろん内心は引き止めたかったことは言うまでもありません。こんなに仕事のできるヤツ、手放したくないに決まってます。でも、彼のためにもその方がいい、と冷静に判断したのです。プロボクサーへの道が決して甘くないのは知っていましたが、彼の無駄のない素早い動きやしなやかな体幹を日々目にしていた私は、もしかしたら彼なら、と思うところもありました。

食べることに一切興味のない彼が、それまでなぜあれほど熱心に仕事に取り組んでいたか。それはひとえに「独立」のためです。ではなぜ独立したかったのか。それは冗談でもなんでもなく「若くして社長になってモテモテになりたいから」でした。理想の店を作りたい、とか、思うがままに料理したい、とかではないのです。すべてはモテのためでした。

そうであれば、ボクサーになってモテる方が遥《はる》かにダイレクトです。彼は極端なまでに学校の勉強的なことが苦手で、どうかすると九九も間違うレベルでしたが、その判断はクレバーとしか言いようがありませんでした。

そして私は、彼が望む「若くして独立」がおそらく無理であることを知っていました。彼も薄々気付いていたのでしょう。与えられた仕事をどんなに見事に捌《さば》けたとしても、仕事を与える側になれるかどうかは別です。このまま料理長になるにせよ、その後独立を果たすにせよ、食べることに関心のない人間が、新しい料理やオリジナルな店のスタイルを考えることは、限りなく不可能に近いことです。

それまでの数年間、私は彼が仕事としてではなく料理そのものに興味を持つことを期待し、なるべくそうなるように仕向けていました。しかし結局それは暖簾《のれん》に腕押しでした。

その店のスタッフは、アルバイトを含め、食べ物や食文化に強い興味を持つ、言うなれば「食オタク」が多くいました。彼らが食に関するマニアックな会話を繰り広げることはたびたびありましたが、Hくんはその輪に加わることはありませんでした。

普段の他愛無い雑談（特に異性がらみの話）だと、だいたい輪の中心になる、快活で愛嬌《あいきょう》のある彼でしたが、そんな時はやはり少し寂《さび》しそうでした。Hくんがそんなくんのまま、料理長に、そしてオーナーシェフになることなんて、まず無理だったことでしょう。

なぜ料理に対して「人一倍強い興味」が必要なのか

第1章では、昭和の料理人の多くは決して料理好きが嵩《こう》じて料理人になったわけではない、とも書きました。当時と今では何が違うのでしょう。

かつては、独立というのは「暖簾分け」や、それに近い形態が基本でした。修業先の店で習い覚えたことを、独立してからも同じように繰り返す、基本はそれで良かったのです。

しかし今や、その世界はほぼチェーン店の独壇場です。最初から完成度の高い業態が次々に店を増やし、個人店は否応なく苦戦を強いられる中で、そこに求められるのは個性です。技術はもちろん必須ですが、それだけではなんともならないのです。また、目まぐるしく移り変わる世の中のトレンドを知り、それに合わせて自分自身が変化していかねばなりません。

個性を発揮するにも情報を収集し続けるにも、そもそもそこに興味が薄ければ何ともなりません。個人的な興味が薄くても意識的に「調査」や「研究」をすればなんとかなる、というのにも一理ありますが、それを一生続けていくのはしんどいはずです。だいたいそれを「好きでやってる」人にはかないっこありません。

さて、読者のみなさんはどうでしょうか。自分はHくんとは違って、ちゃんと食べることが好きで料理全般に興味もあるから大丈夫、と思った人がほとんどなのではないでしょうか。

しかし安心するのはまだ早いのです。なぜならば、現代の日本においては、料理人志望かどうかにかかわらず、食べることが好きで料理に興味があるのはむしろ当たり前だから。Hくんはあくまで極端な少数派です。

なので、普通に興味がある程度では、特段そこで差はつきません。むしろHくんと五十歩百歩と言えるでしょう。だから、単に食べることが好き、というだけでなく、どうもその方面に関して自分は異常なまでに興味が強いぞ、と思えるくらいでちょうどいいのではないかと思います。

ただし正直なところ、一〇代やそこらでそのレベルまで覚醒している人はあまりいないとも思います（いたらいたですごいですけど！）。食やその文化に対する（異常なまでに）強い興味や関心が生まれてくるかどうかは今後次第というところでしょう。

逆に言うと、それが生まれなかったら、脱落していく可能性も高いわけです。料理の仕事は、誰でもできるけど、辞めていく人も多い世界。食べることや料理、それを取り巻く文化、そういったものに対する人一倍強い想いに育っていきそうな芽が自分の中にありそうかどうか、一度自分を見つめ直してみてもいいのかもしれません。


ただし、興味や執着があまりにも強すぎるのも、実は少し困りものでもあります。それはオタク化、マニア化が進むということでもあるからです。どんな世界でもそうですが、オタクが絶賛するマニアックな作品は、決してマスには受けません。例えば商圏が広いコンテンツビジネスであるアニメならそれでもなんとかなりますが、地域型ビジネスである飲食店は、なかなかそういうわけにもいきません。

このことについてはまた後のどこかでもう少し触れますが、大方の若い人はまだそこまでの心配は無用かもしれませんね。ただし、社会人経験を経て中途で料理の世界に飛び込む人（つまり既に食の世界にのめり込みかけている人）は、少し心に留めておいてもいいかもしれません。

人を喜ばせたいという気持ち

ここまでは、食と向き合う気持ちの話をしてきました。そして、料理人に向いているかどうかの話においてはもうひとつ、人と向き合う気持ちの話もあります。

そう聞くと、ちょっと身構えてしまう人もいるかもしれません。でも安心してください。これは決して「社交的でなくてはいけない」「どこでもすぐ友達ができるタイプが向いている」というような話ではありません。そもそも料理人には、内向的かどうかは別として、情熱が内に向く人が多いように思います。「物作り」を志す人に共通の傾向かもしれませんね。

ここで言う「人と向き合う気持ち」とは、誰かを喜ばせたいと思う情熱があるかどうか、という意味です。一度根本に立ちかえると、料理人とは料理を通じて人を喜ばせる仕事。人に喜んでもらいたい気持ちがなければ、仕事は単なる作業になってしまいますし、それは提供する料理のクオリティにも関わってくるのです。

残念ながら実際は、料理人の中にも毎日の仕事をついつい単なる作業としてこなしてしまう人もいます。しかし、お客様を喜ばせたい、がっかりさせたくない、良い意味で裏切りたい、驚かせたいという、ある種の「欲」が特に強い人もまた一定数おり、やはりそういう人の料理は見た目からして何かが違うのです。

単に決められたものを盛り付けるだけの仕事であっても、そこには見る人が見ればはっきりわかる差が出ます。少しいろいろ任されるようになって、例えば新しいメニューを考えるような段階になると、さらに差が出てきます。よくある何でもないような料理でも、ちょっとした食材の組み合わせや味付けのアクセントとしてさりげなく気の利いた要素が付け加えられるのは、「お客様を良い意味で驚かせたい」といつも強く願っている人です。私はそういう料理を「色気のある料理」と呼んでいます。その反対が「形だけの料理」です。

人を喜ばせたいと願うのは、別に単なるストイックな献身である必要はありません。喜ばせたい理由は自分が褒められたいから、というエゴイスティックな動機でまったく構わないのです。むしろそうでないと続かないでしょう。褒められたい、すごいと思わせたい、センスあるなと感心してほしい、こいつやるなと認めさせたい、そういうことでいいのです。もしかするとそれは極論、広い意味での「モテたい」と言い換えてもいいのかもしれません。

そのためには、料理がお客様の前に運ばれる前段階として、ホールのサービススタッフに「すごい!」「イイ!」と思わせる、それが最初の関門です。もしくはお客様が喜んでいる様子を直に見たい、何なら直接声をかけてもらって褒められたい、そう願うなら、カウンターメインでオープンキッチンの店を優先して選ぶ、というのもアリです。

でも本当は、お客様の姿が見えないクローズドキッチンの奥にいても、「今自分が作った料理、お客様は絶対びっくりするし、おいしいって思ってくれるに違いない……」

と想像してニヤニヤしてしまうような（はたから見ると少々気持ち悪いですが）、料理人なんてそれくらいで丁度いいのです。

かつて私を料理の世界に引っ張り込んでくれたひとつ上の先輩は、冗談ではなく真顔でこんなことを言っていました。

「料理人なんてこんないい商売は無いぞ。金もらってんのはこっちなのにみんなこっちを褒めてくれるからなあ！」

こんなセリフを聞いて、なるほどそれは羨ましい、と思ったあなたは私と同じです。つまり料理人に向いています。

料理人にとって役に立つ資質

料理人にとって役に立つ資質は他にもいろいろあります。

まず、誤解を恐れずに言えば、料理人にとって見た目は大事。イケメン・美女はそれだけでだいぶ有利なのは確かです。いろんな場面で得をします。言っても客商売ですし、これは料理人に限りませんね。

でも料理人の場合は、それ以外の勝負のしどころがたくさんあります。「愛嬌があって優しそう」「実直で自分に厳しそう」「何だかよくわからないけどおいしいもの作りそう」、イケメンだけではない多様性が求められる世界です。

小太りでにこやかで坊主頭、みたいな（決してイケメンではない）キャラが、なぜか料理人にはよくいます。私が密かに「微笑《ほほえ》みの海坊主」と呼んでいるタイプの料理人で、こういう人が厨房《ちゅうぼう》にいると「絶対うまいものが食えそう！」という安心感がハンパありません。

そしてこういう「見た目」は、不思議と仕事への取り組みの中で自然と育っていきます。なんだかんだ毎日いろんな人に見られることの多い仕事だからでしょうか。とりあえず包丁か鍋を持って真剣な顔をしていたら、とりあえず誰でもカッコよく見えるものです。それで私生活でもモテるようになるかどうかまでは保証しかねますが！

あと、体力や運動神経、手先の器用さといった身体能力に恵まれていたら、それはやはり有利です。ただし、これも克服は十分可能。なぜそう言い切れるかというと、私自身が残念ながらそういったものにはまったく恵まれていないヘタレだったからです。すぐ疲れるしコケるし包丁で手を切るし。でも続けている内にいつしか何とかなりました。なのでみなさんも何とかなると思います。

思えば冒頭のHくんは、食への関心以外のすべてを兼ね備えていました。イケメンではないけど愛嬌があり、モテるために料理に真剣で、身体能力も抜群。でも、生涯料理人でいるべき人だったかどうかは疑問です。そう考えると結局、一周回って食への関心が一番大事、ということなのかもしれません。

side dish 味覚の鋭敏さとは経験と知識のことである

グルメ漫画の主人公たちは、生まれながらの鋭敏な味覚を持ったキャラクターとして設定されることが多いようです。その持って生まれた才能を武器に劇中で活躍する彼らの姿を見ていると、「そうでなければ料理人は務まらないのではないか」「少なくとも一流に昇り詰めるには人一倍鋭敏な味覚が必須なのではないか」、そう思ってもおかしくありません。

しかし私がこれまで経験してきた感覚で言うと、持って生まれた味覚の鋭敏さには、さほどの個人差はないと感じています。誰もが注射をすればちくっとした痛みを感じ、気温が一度下がるだけで随分涼しくなったように感じます。味覚だってそんな人類共通の感覚のひとつに過ぎません。

味覚に関しては、持って生まれた感覚の差も少しはあるかもしれませんが、それよりずっと経験や知識の方が重要だと感じます。

例えばここに、鶏ガラから丁寧にとったスープと、顆粒《かりゅう》の「ガラスープの素」をお湯に溶かしたスープがあるとします。何の説明もなく飲み比べたとしても、その両者が「違う」ということがわからない人は、まずいないでしょう。しかし、どちらをよりおいしいと感じるかは、実は人それぞれ。顆粒スープの方が味がはっきりしていて香りも穏やかでおいしい、と感じても少しも不思議ではないのです。

しかし料理人の多くは、それぞれがどうやって作られているかをだいたい察するはず。言うなれば、片方に「鶏ガラ」、もう片方に「顆粒」というラベルを貼ることができるわけです。そしてそのラベルによって、前者の方が格上であると判断します。これはそれまでの経験と知識によって身につけたスキルです。

では鶏ガラからとったスープに少し顆粒スープを加えたものだったらどうなるでしょう。加える量にもよりますが、ラベルを貼ることは料理人にとってもぐっと難しくなります。しかし、もしお店で毎日鶏ガラのみでスープをとっている料理人なら、そのごくわずかな差にもきっと気付くでしょう。毎日同じものを作り続けていると、(それ自体は極めて単純な作業に感じられるかもしれませんが)そこに対する味覚の解像度は、おそらく自分でもびっくりするほど向上していくはずです。

ただし、せっかくそういう貴重な経験をしているのに、毎日の味見がおざなりだったら、身に付くはずのものも身に付きません。飲食店で仕事をしていれば、そういう鍛錬の機会はいくらでもあり、それを生かすも無駄にするのも本人次第ということになります。

そしてそれは、仕事の時だけには限りません。普段自分が食べるもの、それが外食でも家庭でも、そこには常に味覚を鍛えられるチャンスがあるのです。勉強なんていう堅苦しいものである必要はありません。目の前にある食べ物を、何となく惰性で食べてしまうのか、どんなものでも夢中になって存分に楽しみ、理解しようとするのか、その積み重ねが、やがて大きな差を生むのです。


味覚の鍛え方について、また少し違う角度からの話もしておきます。

私は、「農家出身の料理人は信用できる」と密かに思っています。これまでの経験から得た法則のようなものです。「信用できる」と言うと少し高飛車ですが、これは単に「自分にとって好ましい」くらいの意味に取っておいてください。

農家では、旬真っ盛りの一番おいしい野菜を新鮮なままふんだんに食べています。また大家族であることも多いので、両親が忙しかったとしても、おばあちゃんの昔ながらの手料理を日常的に食べています。おいしい食べ物や料理に対するある種の鍛錬が、子供の頃から自然に身に付いているのです。

それと真逆のようで実はよく似た、ある料理人の話があります。

彼はとある大きなレストラン企業で、若くして料理・メニュー開発の責任ある立場を任されました。大抜擢と言ってもいい配属であり、会社はそれだけその若い彼に信頼を寄せていたということでしょう。

その彼は育った家庭環境が少し特殊で、子供の頃から食事はほぼ毎日ひとりで外食だったそうです。ただしカードや現金は潤沢に持たされ、そこそこいい店でばかり食べていたとのこと。そのこと自体が幸せな子供時代なのかどうかは別にして、その経験は確実に彼の味覚を（良い意味での偏りも含めて）育てたことでしょう。大抜擢の影にはもちろん彼自身の努力や人柄もあったでしょうが、この経験が育んだものは、外食産業にとって特異点的に貴重なものだったと言えます。

漫画の主人公のような天性の特異能力者は実在しないかもしれませんが、このように子供時代からの経験により、料理人としてのスタート時点で有利なスキルを獲得済みの人はいます。農家は比較的稀《まれ》で、毎日高級外食というのはさらに稀でしょうが、「そういえば自分は子供の頃からなかなか良いものを食べてきたな」と少しでも思える人は、そのことに感謝しつつ、ぜひ料理人を目指してほしいものです。

ただしそれは、あくまでスタート地点における差でしかないのもまた事実。最終的には、前半で述べたような、料理人として仕事や私生活を通じて得る経験や知識の方がずっと大事になってくるとは思います。そしてそのことは結局、本編で述べたように、食べることへの強い関心を一生持ち続ける、という話に繋《つな》がっていくと思います。

4　修業って必要？

修業は必要なのか

「修業って本当に必要なんですか？」という質問を受けることがあります。

最近では、一〇年以上かかるとも言われる寿司《すし》の修業を、二カ月のカリキュラムに圧縮した「寿司アカデミー」なども話題です。修業に一〇年もかけるのは無駄ではないか、単に修業の名目でいいようにこき使われるだけなのではないか、そう思っても不思議ではありません。

ならば修業は不要なのか。結論から言うと、私の考えとしては、やっぱり必要だと思います。本当に一〇年必要かどうかは考え方次第だとは思います。しかし不要とはとても言えません。なので今回は、「修業ってなんだろう」ということを考えていきたいと思います。

そもそも修業の目的とは何なのでしょう。多くの人は「おいしいプロの料理を作れるようになること」と考えているのではないでしょうか。先述の寿司アカデミーの公式サイトにも「魚をさばき、寿司を握り、美しいお造りを盛る技術が二カ月で習得できます」という説明がまずあり、そこから「もっと知りたければ入学相談に参加してください」という流れになっています。誰もがまずは調理技術の習得を念頭に置いているからでしょう。

しかし先に私の考えを述べておくと、少なくとも現代においては、「調理技術の習得」は必ずしも修業における最優先マターではないと思います。確かに昔はそうだったし、もちろん今もそれは一部では引き継がれています。どういうことなのか、話をわかりやすくするために、少し極端ですが思い切って昭和初期あたりの時代にまで遡ってみましょう。

昭和初期における料理人の立ち位置

当時の普段の食事は、今よりずっと質素なものでした。あくまで米や雑穀が主体で、いわゆる「おかず」は、野菜や魚をごくシンプルに調理したもの。調理のバリエーションは極めて少なく、調味料も味噌《みそ》、塩、醤油《しょうゆ》を中心にごく限られたものだけ。ただし素材だけが季節ごとに移り変わっていきました。季節ごとに旬のものだけを素材を生かした伝統的な調理法で食べていたわけです。それはある意味豊かとも言えそうですが、少なくとも今の食生活とはまったく異なります。

では当時の外食はどうだったか。もちろんこちらも今の外食と比べれば、はるかに素朴で、バリエーションもやはり雲泥の差です。とは言え当時の家庭料理に比べれば、まだ断然、現代の食生活に近いものがありました。当時の外食の花形は「洋食」です。カツレツやオムライスなどの洋食は、今でこそ「懐かしの」などという惹句《じゃっく》がつけられた素朴な食べ物というイメージがありますが、当時としては最先端。そしてそれは家庭ではまず食べられない物でした。だからこそ花形だったと言えます。

つまり、外食の料理を作れるのは（「料理教室」に通える一部の上流階級の娘さんや奥様方を除けば）プロのコックさんや板前さんだけだったのです。逆に言うと彼らは、自分たちだけしか持っていないそのノウハウを独占することで、その地位を保っていたとも言えます。

厨房《ちゅうぼう》に入ってきた新入りに、親切に料理を教えることはありませんでした。レシピを見せるなんてもってのほか。ソースを作った鍋にはすぐに洗剤と水を注いで他の誰も味見できないようにした、なんて話も聞きます。ちなみにごく最近聞いた話では、インドではまだそういう風潮が多少残っているそうです。インドは外食産業成立の経緯が少し特殊だったため、今でも家庭料理とレストラン料理が大きく異なり、かつての日本と少し似た状況ということなのだと思います。

そんな中で新入り君がどうやって料理を学ぶのか。端的に言うと「見て盗む」ということになります。実際は長く働く中で信用を得たら、先輩も少しずつ勘所を教えてくれるようなこともあったのでしょうが、いずれにせよ非効率極まりないことは確かです。

修業に長い年月がかかったのには、こういう事情もあったのでしょう。

誰もが「おいしい料理」を作れる時代

私は五〇年以上続くようないわゆる「老舗《しにせ》」について、色々なお店の方に直接取材したり、資料を調べたりといったことをしたことがあります。その創業期、つまり一九六〇〜七〇年代の話を伺っていると、その時代もまだまだ戦前のような感覚は続いていたようで、少し驚かされました。

あるフランス料理のコックさんは、先輩が「洋行帰りの進歩的な考えの持ち主」だったために、最初からちゃんと料理を教えてもらえてびっくりした、と語っていました。その時代でもまだそれが特別なことだったなんて、びっくりするのはこっちの方です。

またある喫茶店では、メニューに「サンドイッチ」を入れるにあたり、知り合いづてで方々をあたって、経験豊富な洋食コックさんをなかなかの高給で雇い入れたそうです。今の感覚であれば「サンドイッチなんてそんなことしなくても誰でも作れるのに……」

と思うかもしれません。

もちろんサンドイッチだって相当奥が深く、適当に作ったものと技術のある人がちゃんと作ったものは大違いです。とは言っても、現代のカフェで、フランス料理のコースとかならまだしも、サンドイッチを出そうと考えた時に、そのためにわざわざプロのシェフを雇うでしょうか。おいしいサンドイッチを作るためのノウハウや食材は世に溢《あふ》れており、お手本となるようなサンドイッチを売っている店もゴマンとあります。最低限のセンスと意欲があれば、おいしいサンドイッチを商品化することはそう難しいことではありません。しかし当時、それにはプロが修業を通じて得た技術とノウハウが必要という考え方は、まだまだ一般的なものだったということなのでしょう。

現代では、もちろんサンドイッチに限らず、おいしいものを作るためのノウハウは世に溢れています。ネットの情報はいささか信頼性に欠けることもありますが、書籍として出版されるものは何人ものプロフェッショナルによる精査を経ているのが普通で、それが入門書から専門書まで様々なジャンルを網羅しています。現段階ではあくまで補助的なものですが、動画コンテンツも日々充実していっています。「プロが手の内を明かす」ということはもはや当たり前のことになりました。

例えばカレーやラーメンの世界では、既に「修業」をほとんど経ない独立出店が相次いでいます。これはそれらが、独学に向いたジャンルだからということもありそうです。

とあるラーメン店の店主は、マニアが嵩《こう》じ、有名店での短期間の修業を経て独立を果たしました。その方はこんなことを言っていました。

「有名店のレシピやノウハウなんてどれだけでも手に入るから、そういうのに似せてオリジナルのおいしいラーメンを作るなんてそう難しいことではない。一応名店で修業させてもらったのは、ここだけの話だけど、その店出身という肩書きが欲しかったから」

これ以上例を挙げるのはやめておきますが、カレーやラーメン以外にも独学と相性のいいジャンルは色々と存在します。レシピやノウハウ、テクニックが、言語化・システム化しやすいタイプの技術と言えるでしょう。

しかしやっぱり、そうでないものもあります。少し例を挙げるなら、フレンチにおける肉焼き、石窯を駆使するナポリピッツァ、洋菓子やパン、こういったものは、ある意味スポーツや工芸にも似た、言語化しにくい身体能力的な技術が求められます。

しかし今や洋菓子やパンは、一般向けにも高度な内容の教室があります。ナポリピッツァの技術は、石窯のメーカーさんが懇切丁寧に指導してくれます。フレンチの精緻な肉焼きは、調理器具の目覚ましい発達により、それに限りなく近いものが簡単に再現できるようになりました。そして、そういった身体的技術の最たるもののひとつとも言える「寿司」にすら、それを二カ月で習得するシステムが生まれた。これが現代の状況です。

現代における「修業」の意味とは

さてここまでは、「いかにおいしい（≒プロレベルの）料理を作るか」という話でした。散々書いてきたように、昔に比べると、そのハードルは極めて低いものになっています。もちろんそれでも多くの人は、プロの作る料理は特別おいしいと考えています。もちろんそう思ってもらわないと、私自身も含めてプロは存在意義を失います。

しかし、もはやおいしい料理はプロだけの物ではないというのもまた「不都合な真実」です。現代日本において、料理を「趣味」としてそれに没頭する人々の多くは、プロを凌駕《りょうが》するような料理を当たり前のように作ってしまいます。そのためのインフラは完全に整っている、というのが前の節までの話でした。それは単なる自己満足とも言い切れません。収益性やオペレーションの制約からは逃れ得ない宿命にあるプロよりも遥《はる》かに自由度が高い分、それはむしろ高度なものにもなり得ます。

しかし、その「おいしい料理を」単に「作る」だけではなく、同じ味で「大量に作る」「作り続ける」ということにおいて、そしてそのスピードや安定性においては、まだまだプロに圧倒的に分があります。そしてそれは、極めてシンプルに、経験の物量によって担保されます。ある意味変わり映えのない、毎日決まったものを作り続ける日々からしか、その経験は得ることができないのです。これが現代においても修業に意味がある理由のひとつです。

しかし修業の本当の意味での大切さは、こういった調理技術そのもの以外の部分にある、というのが私自身の考えです。例えばお客さんとの接し方やトラブルの防ぎ方、それが起こってしまった場合にどうするかであり、例えばガスコンロが突然点《つ》かなくなった、冷蔵庫がいきなり故障した、といった機材トラブルの対処法であり、例えばなぜか急にお客さんが減り始めた場合の経営的な対策だったり……。

ここでいくら例を挙げても、ひとつひとつは「なんだ、そんなことか」としか思えないかもしれません。「それはその都度その都度、常識的に考えて切り抜ければ良いのでは？」と。確かにそれはそうなのですが、飲食店というものは、そんな些細《ささい》なトラブルの連続なのです。過去にそんなトラブルの適切な切り抜け方を、どれだけ実際に目にしているかどうかは、日々の営業をつつがなくこなしていく上でとても重要です。

またそんな日々のよしなしごとの中で極めて重要なのが、お客さんとの接し方以上に、業者さんとの接し方です。飲食店における仕入れは、ネットショップで値段を確認して数量を決めてポチるようなこととは大きく違います。互いに尊重し合い、仲良く、ただし譲れない部分は決して譲らない、そういうプロフェッショナル同士の関係性を築いていけるかどうかは、店の運命を大きく左右します。

かつて修業の一番の目的があくまで「料理修業」だった時代に、そういったことは、長い修業期間の中で自然に身についていったことだったのだろうと思います。最初はこき使われるだけの「追い回し」だったのが、次第に店主や先輩の信頼を得て社会性を身に付け、お客さんにも可愛《かわい》がられてその接し方の機微も学び、業者さんとも対等に渡り合えるようになって一目置かれ……。そこには綺麗事《きれいごと》ばかりでなく確かに「搾取」もあったことでしょう。現代のコンプライアンスに照らせば理不尽なことだらけだったのかもしれません。しかしだからと言って、それを全否定する理由にはなりません。

これは胸を張って言えるのですが、現代の飲食店は、かつてに比べれば遥かに働きやすい場になったと思います。私が「修業」を始めた四半世紀前、さすがに暴力は既に過去の（忌まわしい）話となっていましたが、言葉によるプレッシャーや理不尽な処遇はまだまだ健在でした。最近ではそれも急激に減っています。教育と抑圧の境目は難しい問題ではありますが、少なくとも理不尽さとは無縁になりつつあります。端的に言えばすべてが「優しく」なっています。もちろん給与や労働時間も（あくまで相対的にではありますが）確実に改善されています。

なので、こんな状況下で「修業」を軽視するのは、むしろ単純に勿体無《もったいな》いというのが私の考えです。環境が優しくなった分、自分自身がそれなりに意識しなければ、つまり単に受け身なだけでは、何も身に付かないという難しさはあると思います。だから、そこで自分のスキルアップのためにどれだけ能動的に、積極的になれるかが、修業の意味を高めもすれば無効にもする、のだと思います。

side dish 修業で学ぶダイナミズム

少し精神論的な話になりますが、修業においては、そこで働く人々からその考え方やセンスを吸収することも、とても重要です。単にお客さんとしてお店の方々と接したり、よしんば友達づきあいができたとしても、やはりそこには共に働くことでしか見えてこない真の姿があるものです。

特に個人店は、店主の思想やキャラクターが、店のあり方に濃密に反映されます。繁盛店の店主ともなれば、良くも悪くも、かなり個性的な人物であることがままあります。もしかしたら「異常者」にすら見えるかもしれません。しかしそういう個性にこそ、普通の人には出せない圧倒的な魅力があり、だからこそその店は繁盛するのです。そういったある種のダイナミズムを日々吸収することこそ、修業でしか得られないものだったりもします。

お客さんの側から見たパブリックイメージでは、ひたすら料理の味に対してストイックな職人に見えるオーナーシェフも、実はいかに効率よく儲《もう》けつつ名声を得るかを計算づくで考え続けているというのはよくあることです。もしかしたらそんな姿を知って幻滅することだってあるかもしれません。しかしそれはむしろ当たり前のことであり、大事なのはそこから何を学ぶかです。

逆に流行に乗って小手先で商売をしているかのように見える経営者にも、ここだけは譲れない的なクラフトマンシップがあるもの。理想を抱き、夢を語るのは簡単ですが、現実的に何を諦めて何を大事にするかの取捨選択こそが、その店の命運を分けます。そういう判断の感覚を養うには、実際にそんな修羅場をかいくぐり続けている人の懐に飛び込むのが一番です。

またそういう個性的な成功者（異常者？）からは、日々、本人も自覚していないかもしれない独特すぎる言動が連発されるものです。もちろんそのまま役に立つこともあれば、時には反面教師とすべき点も出てくるでしょう。いずれにしてもそれは、他ではなかなか得られない濃密な体験です。

私が修業時代に最も多くのものを吸収した店は、私が経験した中で最も「料理がおいしくない」繁盛店でした。いや、おいしくないは言い過ぎかもしれませんが、その料理は一見程々に目新しく、やりすぎない程度におしゃれ風でしたが、食べてみると極めて平凡この上なかったのです。そしてそれはすべて、実質に対して確実に割高でした。

しかしその店の顧客至上主義には、一貫して強力なポリシーが貫かれていました。いわゆる「お客様ファースト」ですが、それは単にお客さんの言うことはなんでも聞く、常に媚《こ》びへつらう、といったことでは決してなく、お客さんがその店でのひと時をいかに楽しく快適に過ごすかが徹底的に考えられたものだったのです。そしてその思想は、サービススタッフだけでなくキッチンスタッフにも完璧に浸透していました。

それを理解した上で改めてその「平凡な」料理を見ると、それもやはりその精神に基づいたものだと理解できました。その店のお客さんにとってその料理は、安心感があって決して裏切られることのない、それでいてほんの少しの特別感を感じさせてくれるものだったのです。割高な価格設定は店に利益をもたらし、その利益は、お客さんが楽しく快適な時間を過ごすための原資として還元される。それがその店の在り方でした。

私は当時「とにかくおいしいものをなるべく安く提供すれば店は成功するはず」という、誰もが一度は陥る無邪気な理想論の真っ只中《まっただなか》にいましたが、その店は、世の中はそんな単純なものではないということを嫌というほど教えてくれました。中に入り込んでそのダイナミズムに直に触れなければ、決して理解できなかったであろうことです。

ダイナミズムという面から言うと、海外修業は極めて有効だと思います。調理技術自体は日本に居たままでも、充分温度差が無く、習得できるかもしれませんが、本場の料理人の価値観や思想に直接触れることは、やはり現地でないと難しいでしょう。腰を落ち着けた修業とまではいかなかったとしても、旅行でもなんでもいいのでその地の生活を体験することは、そこの食文化のダイナミズムを体感する上で極めて効果的です。

もちろんそこで得たものをそのまま日本で再現しても（特殊な例外を除けば）店はそうそううまくいかないでしょう。やはり市場に合わせたアレンジは常に必要です。しかし本場のダイナミズムに触れているかいないかでは、そのアレンジの中身もずいぶん違ったものになるはずです。

海外修業は有名店での修業同様、自分の経歴に「箔《はく》をつける」意味でも有効です。それは決して本質的なことではないかもしれませんが、そういうことも狡猾《こうかつ》に活用していくのもまた、料理人として生きるには必要なことだと思います。

5　新人は何から始めるのか

さあ、入店！

さて、あなたは何らかの手順を経て飲食店に入店を果たし、これから料理人になるための第一歩を踏み出します。具体的にまずそこでは何をするのでしょうか。その初日を具体的に追っていってみましょう。

出勤すると、制服を渡され、着替えや私物の保管、タイムカード（実際は最近はほぼPCのアプリに置き換わっていますが、やはりそれはタイム「カード」と呼ばれ続けています）の操作法などを教えられます。着替えてタイムカードを押したら、早速、キッチンに入ることになるでしょう。おっと、その際にとても大切なことがあります。元気に挨拶！　です。

「今日からお世話になります、○○です！　よろしくお願いします！」

みたいな感じですね。

先輩たちも、おう、よろしく！　みたいな感じで返してくれると思いますが、中にはそうじゃない人もいます。でも心配しないでください。無視されているわけでも、嫌われているわけでもないのです。料理人にはシャイな人が多いもの。あなたも緊張しているでしょうが、迎え入れる側も緊張しているのです。それにおそらくその時間は、営業開始に向けて「仕込み」や「スタンバイ」の真っ最中。誰もが忙しく立ち働いています。無愛想な先輩とも、おいおい打ち解けていきましょう。

さて、そんな中であなたが最初に任される仕事は、大体の場合「洗い物」です。まだ営業前なので、お皿はありませんが、仕込みに使ったボウルやタッパーなどがシンクに溜まっています。それを水道でざっと洗い流し、専用のラックに並べて洗浄機にかけます。まあ、誰にでもできる簡単な仕事ですが、少し難しいのは洗い上がった後です。洗い上がった調理器具を所定の場所にしまうのもあなたの仕事だからです。

厨房《ちゅうぼう》内に目を走らせると、ボウルならボウル、タッパーならタッパーが重ねて置かれている場所があるはずです。すぐにはわからなかったら、そこでボヤボヤせずに、すぐ先輩に聞きます。先輩たちとコミュニケーションを取る最初のチャンスでもあります。そうやってあなたは厨房のあちこちを行ったり来たりすることになります。先輩に聞いたりしながら、厨房のどこに何があるかを徐々に把握していくことになるでしょう。

その時にとても大事なことがあります。作業をしている人の背後を通る時は必ず「後ろ通ります」「失礼します」などと声をかけるのです。包丁を持っている人の場合は特に注意してください。その他、チャンスを見つけてなるべく声を出してください。「このホイッパー、ここでいいですか？」など。確認は常に大事ですし、何より、一緒に仕事しやすそうな奴だな、という安心感を与えられます。

ひとつ良い技をお教えします。作業中の先輩の傍《かたわら》には、使い終わった調理器具がいくつか重ねて置かれていることがあります。あとでまとめて洗い場に持って行こうとしているんですね。めざとくそれを見つけて「洗ってもいいですか？」と尋ねて洗い場に持って帰るのです。それだけで「こいつデキるな」という評価を得ることができます。

そうやってとにかく「積極的に仕事に取り組もうとしている」という姿勢を見せるこ

とが大事です。ただし、間違ってもそれを「自己アピール」「先輩のご機嫌取り」だなんて思わないでください。入店した以上、あなたはこの厨房のメンバーであり、戦力です。しかしまだ自分だけでは何もできないに等しい。だから、できる人のサポートをする義務があります。どう振る舞えば最良のサポートができるかを、常に真剣に考えて行動することが必要です。

それは「常に気を遣い続ける」ということも意味します。だから正直、大変です。でも実は、気を遣うことが大変なのは先輩たちも同じなのです。入って来てくれた新人が、なるべく戸惑うことなく、困ることもなく、この場に溶け込んでくれるにはどうすればいいか。自分の仕事に追われながら、常に頭のどこかではそのことを気にしているのが普通です。

そのための第一歩がコミュニケーションです。さっき書いたように「料理人にはシャイな人≒コミュニケーションが苦手な人」が多いから、というわけでもありませんが、コミュニケーション・コストは双方が負うことが大事です。だから「後ろ通ります」「これ洗っていいですか」、そういう何でもない声掛けこそが、とりあえず今のあなたにできることです。

新人最重要ワード「次、何をやりましょう?」

さて、この時間の洗い物は、おそらくあっという間に終わります。終わったら即、報告です。

「洗い物、終わりました」

そしてここで、新人にとっての最重要ワードが登場します。

「次、何をやりましょう?」

しばらくの間あなたはこの言葉を、一日に何度も何度も発することになるでしょう。与えられた仕事を手早く終わらせるほど、この言葉を発する回数は増えます。つまり、多ければ多いほど良いということです。たまにこのタイミングで、洗い物が終わってもその場に突っ立ったまま、次の洗い物が来るのをボーッと待つ新人さんもいます。たまに、というか、よくいます。気をつけてください。これはあなたが一人前と認められる日を確実に遠ざけます。

「次、何をやりましょうか？」は、しばらくすると段々減り、その代わりに「次、〇〇やりましょうか？」に置き換わっていきます。さらに経つとそれも減り、優先すべき仕事を自ら判断して、黙ってそれを開始することになります。そうなったら一応、新人卒業です。その日をいかに早く手元に引き寄せるかで、その後が決まります。

さて、ここで次にどういう新しい仕事を振られるかはケース・バイ・ケースです。ただし確実に言えることは、先輩たちのうち誰かは、あなたに次に何の仕事を振ればいいか既に考えていることがほとんどでしょう。これは先輩にとってもなかなか難儀です。あなたが何をどのくらいできるか、まだわからないからですね。あなたがもし調理師学校を出ていたら、ジャガイモが詰まったダンボール箱を渡され、皮剝《かわむ》きを命じられるかもしれません。そうでなければ、もう少し簡単な「玉ねぎの皮剝き」かもしれませんし、「納品されたまま積み上がっている食材を冷蔵庫にしまう」かもしれません。

いずれにせよ、自信が無ければすぐに先輩に尋ねることです。もしその仕事を振ってくれた先輩が、新人であるあなたの指導係みたいな明確な担当者であればその人に、そうでなければ手近な誰でもいいです。玉ねぎの皮剝きが簡単と言っても、プロにはプロの剝き方がありますし、店によって「どこまで剝くか」の基準も違ったりします。まあ余程忙しくなければ、最初の一個二個は先輩が手本を見せてくれるのが普通ですが。しかしそれでも、少しでも迷ったら尋ねる。これもまたコミュニケーションの一環です。そしてあなたは、次の「何やりましょう?」を一刻も早く発するために、目の前の仕事に全力で取り掛かります。

ランチタイムとボトルネック、そして年下の先輩

ただしその新しい仕事は、なかなか終わらない可能性も高いです。不慣れなあなたがモタモタしているという理由もあるかもしれませんが、先輩としても、なかなか終わらない物量の仕事をあなたに振ることで、しばらくの間安心して自分の仕事に没頭できるからですね。単純な反復作業はつらいものですが、折角ですからあなたはあなたでその仕事に没頭して、その単純作業をいかに早く正確にこなせるようになるかのトレーニン

グに集中してください。

そうこうしているうちに、いよいよランチタイムのスタートです。飲食業では「ランチタイムは戦場」ということがよく言われます。大衆的な店はもちろん、そこそこ高級な店でも、その時間帯は「薄利多売」で、多くのお客さんを捌《さば》かねばなりません。店は良くも悪くも殺気立ちます。あなたは再び、洗い場に戻ることを命じられるかもしれませんし、その時間の洗い場は手練《てだれ》のアルバイトスタッフが受け持ち、あなたは邪魔にならないよう厨房の片隅で、また延々と皮剝きを続行することになるかもしれません。この時間はさすがに、コミュニケーションは必要最小限にしなければいけないでしょう。

ちょっと脱線しますが、この「手練のアルバイトスタッフ」との接し方というのも、少し独特なものがあります。それが年下の学生であっても、職場では先輩です。しばらくの間は色々教えてもらわねばなりません。当然、敬語です。もちろん向こうもあなたに対して敬語であることが「常識」ですが、その常識は通用しないこともしばしばです。正直ちょっとムッとしてしまうかもしれません。しかしこの業界、先輩は先輩です。うまくやり過ごしてください。

洗い場に入るアルバイトスタッフがいなければ、おそらく洗い場はあなたです。まあ、簡単な仕事ではありますが、ピークタイムにおいては、一際重要なポジションです。「戦場」であるランチタイムにおいては、すべてがスムーズに進むとは限りません。注文が殺到して料理を作るのが追いつかなくなることは最も深刻なトラブルですが、トラブルはそこだけとは限りません。料理は順調に仕上がっていくのに、ホールではレジ会計や来店客のご案内が重なって、配膳が追いつかなくなることも往々にしてあります。簡単に飲み物をグラスに注ぐだけのドリンク場が渋滞することもあります。こういう、店のどこかで何らかの進行が滞ってしまうポイントを「ボトルネック」と言ったりしますが、実は洗い場もボトルネックになることがあります。

先ほどから洗い場の仕事を「簡単」と言っていますが、実はとても奥の深い仕事でもあります。ラックの限られたスペースにいかに効率よく同種のものを選別して並べるか、その前段の下洗いはどの程度までやるか、溜まり続ける洗い物の中で何を優先するか、そういったことの積み重ねで、スピードは倍以上変わりますし、ボトルネックになるか否かも決まります。

もちろん洗い物初心者であるあなたが、最初からそれを完璧にこなせるなんて誰も思っていません。ボトルネックになりそうな時は、先輩が何かしらサポートしてくれるでしょう。もしかしたら、それこそ年下のアルバイトスタッフが、舌打ちしながらあなたの仕事を奪うかもしれません。屈辱的ですね。でもそういうことだって起こりえます。しかしそれも時間の問題です。場数をこなせば自ずとスキルは上がるからです。ただしその場数をこなすにしても、常にスピードと効率を意識するかどうかで、あなたへの評価は大きく変わります。

そうこうしているうちに、ランチのピークタイムは、あっという間に終わります。嵐の後の静けさの中で、洗い物は一段落し、あなたはまた別の仕事を与えられるでしょう。モヤシのヒゲ根を取るとか、マッシュポテトを一人前ずつグラム分けしてラップで包むとか、やはりそういう簡単な仕事ばかりですが、もちろんそれらも洗い物や皮剝き同様、スピード・正確さ・効率を追い求めると限りがありません。全力で取り組み「次、何をやりましょう？」を目指しましょう。

まかないの大事さ

ランチの営業時間が終わると、誰もが初日でも必ず体験することが始まります。そう、「まかない」です。まかない、漢字だと「賄い」は、広く職場の従業員や寮の学生のために用意される食事のことを言いますが、現代では飲食業界以外では既に半ば廃れています。飲食業でこの言葉がいまだ現役なのは、それだけそれが特別な意味を持つからなのかもしれません。

まかないには様々なスタイルがあります。店によっては、お客様に出す料理と同じものを従業員割引価格でリクエストできるようなパターンもありますが、多くは厨房スタッフの誰かが、全員分をまとめて作ります。材料は、野菜の切れ端や魚のアラ、塊肉を掃除（トリミング）した端材であったり、お客様用に用意したものの賞味期限が迫ったものであったり、まかない用に仕入れた安い食材だったりします。料理内容は、例えばその店がイタリアンだったら、パスタはおそらく定番ですが、毎日それだと飽きるので、日によっては和風や中華の丼物だったりもします。

とにかくまかないは、いかに安く、食材を無駄にせず、ボリュームたっぷりに、手早く、飽きさせず、そして何よりおいしく作るか、それが料理人の腕の見せどころです。と言ってもプロがプロのために作るわけですから、それはある意味真剣勝負。だからまかないはおいしく、そして重要なのです。お客さんに出す用の料理はもちろんおいしいはずですが、まかないにはそれとはまたベクトルの異なるおいしさがあるもの。初めてそれを口にするあなたは、感動すらするかもしれません。

そこであなたがやらねばならないことは、とにかくそれを、おいしそうにモリモリ食べることです。まあ実際おいしいわけですし、慣れない仕事でクタクタのあなたは、夢中でそれを頬張ることになるでしょう。それで良いのです。

そしてまかないの時間は、最大のコミュニケーションチャンスでもあります。あなたはもしかしたら、慣れない人たちとの会話は苦手なタイプかもしれませんね。でも大丈夫です。まかないを食べておいしいと思ったら、素直に「うまいです!」と言葉にすればいいだけだからです。

思い出してください。あなたはなぜ今ここにいるのか。自分の手でおいしい料理を作って誰かを喜ばせたい。そしてできればそれによって賞賛を得たい。だからあなたはここにいます。そしてそれは、ここにいるほとんどの人々も同じです。

先に、まかないは「料理人の腕の見せどころ」と書きました。店の料理というのは、実際のところ、日々決まったものを決まった通りに作ることがほとんどです。もちろんそれを正確にこなし続けることにも料理人の誇りはあります。しかし、制約は大きいとは言え（いや、むしろ制約が大きいからこそ）すべてを自分で考え、臨機応変な工夫も交えて、大事な仲間たちのために作るまかないは、いつだって特別な料理なのです。

それを「おいしい」と口に出して言ってもらえて嬉《うれ》しくない料理人なんていません。実際私はこれまで、普段営業中の仕事はなんだかちょっとダラダラしているのに、まかない作りになるといきなりイキイキと目を輝かせて、妙に真剣に取り組む料理人を何人も見てきました。今そのひとりひとりの顔を思い出しています。当時は「何だよこいつ、普段からそのくらい真剣にやれよ」と思っていたりもしましたが、実は彼らこそ、ある意味誰より料理人らしい料理人だったのかもなあと、なんだかほっこりしてきました。

さてそんなまかないの時間も終わり、しばし休憩したら、また仕事の時間です。今日はあと何回、「次、何をやりましょう?」が言えるでしょうか。

side dish 求めよさらば与えられん

いい話と悪い話があります。どちらから聞きたいですか？

映画でもなんでも、こういう時は「いい話が先」と相場が決まっていますので、ここでもその順番にしておきましょう。

今、飲食業界は慢性的な人材難です。そのことはつまり、これから料理人になりたいと考えるあなたは、おおむねどこでも歓迎されるであろうということを意味します。いわゆる「売り手市場」ということですね。

かつては決してそうではありませんでした。あえて悪く言うならば、働いてくれる人はいくらでも替わりがいたのです。だから料理人は、薄給も長時間労働も当たり前でした。そしてこれは完全に「黒歴史」ですが、暴力やいじめも一部では日常茶飯事でした。歯を食いしばってそれに耐えたら、いつかは自分の店が持てていい暮らしができる、それだけを信じて多くの料理人が無理をしていました。

暴力やいじめはともかくとしても、修業期間はことのほか辛いもので、それはいわゆる「名店」ほどそうでした。辞めずに昇り詰めた時のメリットが大きいからですね。それが絶対悪だったと言うつもりもありませんが、現代的な視点では「搾取」と言われても仕方のない部分は大いにあったと思います。

さて「いい話」というのは、今はそうではない、という話です。だからそれは「いい」というよりは「正常になった」と言うべきなのかもしれませんが、少なくとも給料や拘束時間は、ずいぶん良くなったと思います。暴力はもちろんほぼ根絶されたでしょうし、いじめどころか「いじり」も無くなっているでしょう。怖い先輩は今もいるかもしれませんが、それもまあ、昔とはレベルが違います。

さて次に、悪い話、というか「怖い話」をします。

本編で散々、簡単そうな仕事でも全力でやろう、最速のスピードで「次、何をやりましょう」を言おう、と繰り返しました。しかし昔であればそんな必要はあまり無かったのです。なぜならば、少しでも手を抜こうものならすぐに怒声が飛んできたからです。否が応でもそうせざるを得ない。ものすごいストレスですが、逆に言えば、自らそうすればそんな目には合わないし、逆に自分を認めさせることも見返すこともできる。良くも悪くもそうやって、誰もが自然とスキルが上がっていったわけです。

確かに世の中には「育て上手」とでも言うべき人は存在します。なるべくストレスを与えず、うまく乗せて成長を促す。よしんば嫌われ役になってでもそれを遂行する。でもそんなホトケのような人はそうそういません。だから、自ら常に意識し続ける人はとんとん拍子に成長しますが、そうでない人はそのままです。

もしかしたら今はまだ、その本当の怖さはみなさんに伝わりきっていないかもしれません。しかしそれは、おいおいわかります……。とりあえず、スキルは自ら求めない限り得られない、ということだけは、しっかり肝に銘じておくべきでしょう。

6 料理人は料理だけを作っているのではない

架空のドラマの架空のシナリオ

（営業終了後の店内。テーブルに突っ伏して頭を抱えているタクゾウ。物陰からそれを心配そうに見守るキョウコ。）

「タクゾウ……だいじょうぶ⁉」

「いや、今日は忙しくて疲れたから、ちょっと休んでるだけだよ」

「……もしかして、来週末のタカヤマ様の料理内容、まだ悩んでる？」

「メインは野鴨《のがも》にした。タカヤマさんの大好物だし、運良くタカヤマさんの故郷の岐阜から仕入れられた。ちょっと期間は短めかもしれないけど、今吊《つ》るして熟成中」

「なら良かったけど……」

「ソースももう決まってる。ほら、前に長野のりんご園から未熟果のグラニー・スミスを送ってもらって冷凍してあるだろう？　あれをそのまま、皮も芯も丸ごと冷凍粉砕して、あえて火入れはせずに仕立てようと思ってる」

「なるほど！　鴨にはやっぱりフルーツのソースが王道だけど、タカヤマさん、甘いソースはお嫌いだものね」

「そう。鴨のローズピンクにグラニー・スミスのくすんだ緑、色合いもばっちりだと思う。ただ……」

「ただ？」

「タカヤマさん前に、中国人の奥様を亡くされてるだろう？　確か亡くられた日が、その来週の予約の日あたりだったんだ」

「……！」

「差し出がましいのかもしれないけど、奥さんの思い出をなるべくさりげなく、その皿に盛り込みたいんだよ！」

「奥さま、確か中国四川《しせん》省のご出身だったよね」

「そう。赴任中に知り合ったたって言ってたよね。……でもだからと言って、うちのフランス料理に、四川料理を取り入れるわけにはいかない」

「ん？　そうかな？　そんなこともないんじゃない？」

「え⁉」

「ほら、この間食べに行ったお店の四川担々麵、あの青山椒《あおざんしょう》、晴々と爽やかで凄《すご》くおいしかったじゃない。案外鴨にも合うんじゃない？」

「確かに……。鴨だけじゃなくて未熟リンゴのあの独特なフレッシュ感も引き立てそうだな……」

「そうねえ、でも青山椒だけだと、なんだか画竜点睛《がりょうてんせい》を欠く、って感じね」

「そこは神楽南蛮なんてどうかな？　辛味の強い青唐辛子けど、うまく使えば目立ちすぎない香りのアクセントにもなりそうだし」

「緑づくしってことか！　すごくいいと思う！　そういえば昔奥様が付けてらした翡翠《ひすい》のブローチ、すごく綺麗《きれい》だった……」

架空のドラマのシナリオをでっち上げてみました。書いてる途中でなんだか妙に楽しくなって、やや筆が滑ってしまった気もしますが、一応プロの料理人の威信をかけて、料理の内容は真剣に考えてみました。いかがでしょうか？

しかし、プロの料理人である私は知っています。これは嘘《うそ》です。嘘と言って言い過ぎなら、ある種のファンタジーです。実際の料理人の仕事は、残念ながらこんなに悠長で牧歌的なものではありません。

料理人の仕事は料理だけではない

飲食店の仕事は料理を作ること、というイメージがあるかと思います。まあそりゃそうですね。料理は料理人にとってとても大事な仕事です。しかし大事なのは、料理だけが料理人の仕事ではない、ということです。

実際のところ、料理は飲食店の仕事の一部でしかありません。厳密に数値化するのは難しいですが、せいぜい四分の一といったところでしょうか。しかもその四分の一のほとんどは、日々かわりばえのないルーチンワークです。決まった仕込みをして、決まったレシピで決まった料理だけを毎日作り続けます。「頭を悩ませて料理をクリエイトする」なんて、その中の極々一部でしかありません（もちろんその「かわりばえのないルーチンワーク」こそが重要、というのは以前書いた通りです）。

飲食店でも（当然のことながら）管理業務は普通の会社同様、発生します。人事、経理、総務、教育、受発注と在庫管理、広報、営業、情シス、ｅｔｃ……。飲食店というのは基本的に経営規模が小さいので、効率化にも限度があり、かなりの割合の時間がそこに割かれます。

そして飲食店には膨大な「名も無き雑用」があります。片付けと掃除はどうかすると料理より多くの時間が必要で、洗う、磨く、修理、整理、そして厄介なクレーム対応……などなど、言い始めるとキリがありません。

前章でも説明した通り、新人料理人はこの「名も無き雑用」の内の、比較的簡単な業務――片付け、掃除、洗う、磨く、など――に、とりあえず忙殺されることになります。まあそれはそうですね。どんな仕事でも、新人ってそんなものです。そしてしばらくそれを頑張っていると、後輩も入ってきたりして、ちょっと楽になりそうな気もします。しかし残念ながら、それはそうでもありません。なぜなら中堅には中堅の、中堅にしかできない雑用があるからです。はっきり言って、料理人は、というか飲食の仕事に就くすべての人は、一生この「名も無き雑用」からは逃れられません。

さて、新人料理人からスタートしたあなたが、情熱を忘れずに、様々な苦難を乗り越え、ライバルを蹴落とし（と言いますか、ライバルたちは勝手に脱落していくのですが）、ついに料理長にまで昇り詰めたとします。おめでとう。名も無き雑用からは、完全にではありませんが、かなり解放されます。仕事時間のうち半分以上が料理に直接関わる業務になるかもしれません。まあそこまで来ても「かわりばえのないルーチンワーク」の方がやっぱりメインかもしれませんが、嬉《うれ》しいことに「新しい料理をクリエイトする仕事」がようやく本格的に手に入ります。いやあ、良かった良かった。ここまで頑張った甲斐《がい》があったというものです。

料理長は管理業務の一部も託されることになりますが、その主なものは、原価管理と仕入れです。言っておきますが、ドラマのように、ひとりのお客様の一度きりのディナーのためだけに特別な食材を仕入れるようなことはまずあり得ません。しかし自分が使いたい食材を許される原価の範囲内で仕入れ、調理にかかる工数（手間）も含めてきっちり利益の出る料理に仕上げることは、クリエイトの中でも最も重要かつやりがいがある要素です。

ここで一応大事な釘を刺しておきます。逆に言うと、本格的に料理をクリエイトする仕事は、料理長になって初めて手に入ると思っておいた方がいい、ということです。

少し脱線しますが、（釘を刺しっぱなしも何なので）ちょっとこの辺りをフォローしておきます。お店によっては、もっと早い段階で料理を考える仕事を与えてもらえるケースも決して少なくはありません。それはお店の規模にもよりますし、また、そのお店が積極的に新しいメニュー開発を行うタイプの業態かどうかでも大きく変わります。そしてそれ以上に、そうやってあえて中堅料理人に責任ある大事な仕事を任せて、モチベーションを上げつつ成長を促す方針がその店に（あるいは料理長に）あるかどうか、ということで決まります。働く店を決める時は、その辺りもしっかり見極めてくださいね！

店長はつらいよ

話を元に戻します。

料理長になった後、もしくはそれよりもっと前に、あなたは重大な決断を迫られる可能性があります。それは「店長になるかどうか」です。最初に言わずもがなの確認をしておきますが、店長は文字通りその店のトップです。リアルな力関係はケース・バイ・ケースですが、少なくとも職位としての店長は料理長より上です。例外もありますが、給料も料理長より上です。つまり「出世」です。「店長をやらないか」と声をかけられるのは、要は抜擢《ばってき》です。あなたの誠実な仕事ぶりが評価されたのでしょうね。

そんなわけで、あなたはめでたく店長になったとします。脅したくはないのですが、ここからが修羅場です。この章の最初に少し書きましたが、膨大な管理業務があなたに託されます。そして（脅したくはないのですが）、あなたは管理者と同時に「名も無き雑用部門の最高責任者」にも自動的に就任することになります。スタッフ全員のあらゆる尻拭いはあなたの仕事。店長は文字通り「店のトップ」ですが、もっと適切な一般用語で言えば「中間管理職」です。

管理業務の大変さは言い始めるとキリがありませんが、ここではあえてひとつだけに絞って、今最も店長たちを悩ませる管理業務に軽く触れておきましょう。それは「採用」です。人口減少に伴い、日本の労働人口は減るばかり。特にこれまで実質的に飲食業を支えてきてくれた若年層が減っています。スタッフを募集しても、おいそれと応募は来ません。店内に張り紙をしても、高いお金を払って就職サイトに募集登録をしても、やっぱり来ません。運よく応募のメールや電話が来ても……これはここだけの話ですが、面接はかなりの確率でばっくれられます。

ようやく採用できても、当然「売り手市場」となっていくばかりなので、人件費は嵩《かさ》む一方です。そして、せっかく高い給料で若者に来てもらっても、彼らは往々にしてあっさり辞めていきます。これは特に強調しておかねばなりませんが、給料が高いのも、気軽に転職できるのも、社会全体にとってはとても良いことです。飲食業全体にとっても、長い目で見れば良いことです。だからそのこと自体を否定するべきではありません。

しかし、あくまで「店長」だけから見ると、それは地獄です。

薄々お気づきでしょうが、店長は料理をしている暇などありません。店によっては「店長兼任料理長」という立場もありますが、その場合も実質的にはだいたい同じことです。おかしいなあ、料理がしたくてこの業界に入ったのになあ……そんなジレンマを抱える店長が、この業界にはたくさんいます。

こんなことばかり言うと、誰も店長になりたがらないかもしれません。私としても「ちょっと脅し過ぎたかな」と思い始めているところではありません。ですが、店長という仕事の面白さ、やり甲斐、実は誰よりもクリエイティブである、みたいな話は、いずれしていきたいと思っています。とりあえず今はひとつだけ、とても大事なことをお伝えしておきます。

料理人としての最終目標は人それぞれでしょうが、そうは言ってもその最大のものは「独立して自分の店を持つ」でしょう。その前提で言うならば、「店長」という立場は、絶対に一度は経験しておいた方がいいと思います。

独立の話が出たついでに、独立とは何かについて、あえて今回のテーマに沿って簡単に触れておきます。今回、飲食店の仕事は料理に加え膨大な管理業務と無限の雑用である、と説明しました。独立というのは、そのすべてを自分自身が引き受けるということです。

ここではこれ以上のことは言いません。これも続きはいずれ詳しく。

飲食店を扱うドラマや漫画や小説などで、店のシーンでは、料理をするところしか基本描かれません。しかもその中で登場人物たちはなぜか四六時中新しい料理をクリエイトしています。管理業務や雑用のシーンが描かれることはまずありません。なぜそれを「ファンタジー」と評したかは、おおよそおわかりいただけたのではないでしょうか。

新しい料理を考えることは、とても、とても大事です。お客さんのひとりひとりに喜んでもらうために何ができるかを考えることも大事です。それは単に大事なだけではなく、間違いなく料理人にとっての生き甲斐です。でもそれは、日々の膨大な業務を少しでも効率よくこなす合間に、全力で時間を捻出して初めてやれることなのです。

おいタクゾウ。なに呑気《のんき》にテーブルに突っ伏して苦悩してんだよ。そんなことは洗い物を片付けながらやれ。じゃないと今日もまた終電で帰れないだろ。

side dish 飲食店におけるクリエイティビティとは

料理の腕を上げて一人前になり、自分の考えた料理で多くの人を楽しませたい。多くの料理人にとって、それは最初に料理人を目指した時のモチベーションと言えるのではないでしょうか。とは言え、仕事というものは何でもそうかもしれませんが、少し慣れてくると目の前のことをこなすだけの「惰性」にもなりがちです。もちろん、生活のためと割り切って、日々を淡々とただ真面目にやり過ごす、そういう生き方を否定するつもりもありません。ただそれは、本書が目指す「幸せな料理人」の姿とは少し違います。料理人たる者、初心を忘れてはいけないのです。

しかし、本編でも説明した通り、実際に「自分で料理を考える」ということが主要な業務（の一部）になる人は、決して多くはありません。初心を忘れてはいけませんが、それだけが目標になってしまうと、それはそれでつらいものです。

料理人としてのキャリアをある程度積んだ後、「店長コース」を歩むことになった人々を、私もこれまでたくさん見てきました。その店に同じ運営会社の系列店が複数あるような場合は、その先に「統括店長」「エリアマネージャー」というポストも待っています。そこまで出世すると、キッチンどころか店に居ること自体が少なくなり、事務所にこもって管理業務に没頭することがほとんどです。そこでもし頭角を現せば、さらに重要な役職が与えられ、そして役員に名を連ね……と、もうこれは普通の会社の出世コースと同じです。

果たしてこれは料理人としては挫折ということになるのでしょうか。もちろんそうではない、ということはおわかりになると思います。しかしそれがある種のドロップアウト、と言って言い過ぎなら、新たな道を見出さざるを得なかった、という側面があるのもまた事実かもしれません。腹を括《くく》って店長コースに進むことを決意した人が、その決心の理由として「自分には○○さんのような料理の才能は無いことがわかったから」みたいなことを吐露しているのも、何度も聞いたことがあります。

本当に料理には才能の有る無しがあるのでしょうか？　有るとしたらそれはどこに分かれ目があるのでしょう？　それについてここで深く触れるのはやめておきますが、

料理の世界では度々「この人には敵《かな》わねえな」という、ちょっとした挫折感を味わわせてくれる人物に出会うことは確かです。そして実際そういう人が、料理をクリエイトする立場に自然と進んでいきます。

しかし、「料理をいったん諦めた」店長の仕事がクリエイティブじゃないかと言われれば、決してそんなことはありません。本編では過酷な管理業務のひとつとして「採用」を挙げましたが、これだって実はかなりクリエイティビティが試される仕事です。どういう媒体にどういう振り分けで費用を使うか、その内容をどういう層の人に向けた、どういう文章にまとめるか、そういう総合的な企画力次第で、結果の差は歴然となります。もちろん料理そのものに関しても、料理長に対して「こういうメニューを作って欲しい」と方向性を指示するのは、店長ならではの大事な仕事でもあります。

申し訳ないですが料理人としては平凡だった人物が、店長になった途端に驚くような辣腕ぶりを発揮し始めたケースもありました。人はそれぞれに色々な才能を持っており、それがどこでどうやって発揮されるかは、案外自分でもわからないものです。

店長でなくても、そして料理以外でも、飲食業はメンバーひとりひとりのアイデアやクリエイティビティが生かされやすい業種だと思います。実は「名も無き雑用」の中にこそ、それは潜んでいます。その日のメニューを黒板に書き出すのは紛れもないクリエイションですし、百均で整理グッズを買い込んでごちゃごちゃした狭い厨房をスッキリ使いやすくするのも実に創造的な仕事。何なら休憩時間中の「僕だったらこんなメニューがあれば絶対頼みますけどねえ」みたいな他愛もない話から、ヒットメニューが生まれたりすることだって珍しくはありません。

料理のスキルや才能とはまた別で、アイデアを活《い》かすチャンスはそこかしこに転がっているのが飲食店。ただし皆を感嘆させる良いアイデアを生むには、絶対的な必要条件があります。それは、料理を始め飲食全般に対して、強い興味と愛情を抱いていること。そしてその店とお客さんを大事にしたいという想《おも》いが常にあること。結局はそこに行き着くのです。

7　ホールの仕事も極めて重要

「キッチン」と「ホール」

飲食店の仕事は大きく二つに分けられます。「キッチン」と「ホール」です。これを読んでいるみなさんの興味の中心は、おおむね「キッチン」の方にあるのではないでしょうか。すなわち料理人としての仕事ですね。しかし、料理人であっても「ホール」すなわちサービスの仕事はとても重要です。今回はそこを掘り下げていきたいと思います。

キッチンスタッフの人数とホールスタッフの人数は、店の業態などにもよりますが、だいたい同数が基本です。小規模な個人店だと、たとえばご夫婦で営まれていて、男性がキッチンを、女性がホールを担当するというパターンをよく見かけると思います。そして店の規模が大きくなっても、このユニットが基本ということになります。

ホールの役割は、特に説明は必要ないと思いますが、主に「接客」と「配膳」です。ドリンクを作ってサーブするのも、お会計も、主にホールの役割。要するに料理以外すべて、ということですね。

先ほど「同数」と書きましたが、実際は同数だとキッチンの方の負担がやや重くなることも少なくありません。なのでホールスタッフは、本来のサービス業務の合間に、キッチンを補助することもあります。サラダやデザートなど、火を使わない料理は最初からホール側の役割だったりすることもあります。特に、皿数の少ない――つまり定食屋さんなどの、お客さんに一回料理を出したらそれで終わりで、ドリンクの注文もさほど頻繁ではないような業態であれば、ホールスタッフは最初からキッチン兼任か人数少なめであったりもします。

営業が始まる前、キッチンが仕込みの作業を行なっている間、ホールはホールで掃除やテーブルセッティングなどの仕事がありますが、この時間は基本的にキッチンの方が仕事が多いので、ホールスタッフもキッチンでの仕込みの方に回ることも多くなります。

このように、ホールの仕事とキッチンの仕事は、完全に区切られているわけではないのです。

タイミングによっては、キッチンスタッフがホールを手助けすることもあります。例えば、料理は次々と完成するものの、ホールがお会計やドリンクに手を取られて配膳が滞る、というのはよくある光景。そんな時、キッチンスタッフがコックコート姿でホールに飛び出してきて、自分で作った料理を配膳まで行うのを目にしたことがある人も多いのではないでしょうか。あれはイレギュラーと言えばイレギュラーなのですが、お客さん側としてはちょっと「頼もしい」と感じたりもしないでしょうか。逆にホールに出てきた時のコックコートが薄汚れていて（コックコートはどうしたって多かれ少なかれ汚れるものではあるのですが）、ちょっと不快な思いをした人も中にはいるかもしれませんが。

あの謎の「頼もしさ」をうまく利用する、という発想でしょうか、ホールスタッフの制服もコックコートで統一していた店もありました。もちろん汚れていないピカピカのコックコートです。うまいことやるなあ、と思いました。

ホールの仕事とその使命

さて、このようにキッチンスタッフがホールの仕事に駆り出されるシーンは往々にしてあります。しかし配膳は単に料理を運ぶだけではありません。スマートにそれを行うのは「技術」です。技術が無ければ、それは単に「小汚い兄ちゃんに料理を置いて行かれた」だけになってしまいます。頼もしいどころではありません。配膳ではなくドリンクの方をサポートすることもあるでしょう。もちろんこれも技術です。習得していなければ、ただの役立たずのデクノボーです。

なので多くの店で、キッチン志望であっても初期のタイミングで一定期間、ホール担当を経験させることがあります。個人的には、これはむしろ必須であると思います。今後いざという時にスムーズにホールをサポートできるようになるためでもありますが、実は本質はそこではありません。**お客様が何を喜び、何を不満に感じるかを、お客様に一番近い場所で身をもって体験することこそが重要なのです。**

料理人は、とかく独りよがりになりがちです。自分が自分の思うベストを尽くせばそれで良い、と思ってしまいがちなのです。しかしホールに出ると、必ずしも「自分が思うベスト」がお客様にとってもベストであるとは限らない、ということを、身をもって知ることになるでしょう。例えば、作り手にしてみれば会心の芸術的で凝った盛り付けが、お客様にとっては単に食べづらいだけ、なんてことも往々にしてあります。

また、あくまでお客様の目線で料理を見る繊細さも養われます。料理人は料理を作るのが仕事であるとは言っても、その料理のほとんどは毎日同じものを作り続けるルーチンワークだ、という話は既にしたと思います。だから料理人視点で見ると、その繰り返し何十回も作る料理の中に、ひとつだけちょっとした失敗とも言えない失敗が紛れ込んだものがあったくらいなら「まあいいか」となってしまいがちです。しかしお客様視点だと、それはそれがすべてです。一分の一なのです。このことの怖さは、ホールに出ると本当によくわかります。

ホールに立つというのは、その一分の一を見逃さないということでもあります。一〇〇%お客様側の立場に立って、料理に少しでも瑕疵《かし》があれば、それをキッチンに差し戻す使命があるのです。我々はその役割を「ゲートキーパー」と呼んでいますが、このゲートキーパーの精度は、実は普段から自分もそれを作っている料理人の方に少し分があります。なぜそのような（些細《ささい》な）ミスが起こったかがすぐにわかるからです。さらに「これ油の温度が高すぎるのでは？」など、より具体的な指摘も可能だったりします。コックコートのまま配膳する「頼もしさ」は、こんなところにも起因しているのかもしれませんね。

同時にそんなゲートキーパーの役割を全うしたことのある料理人は、キッチンに戻っても、自然とより精度の高い仕事ができるようになるものです。

最悪の料理人

とあるお店の営業中、私はお客さんとして、とてもよろしくない場面に遭遇したことがあります。

その時その店は忙しいピークタイムの真っ只中《まっただなか》で、キッチンからはなかなか料理が出てこない状況に陥っていました。我々は「オペレーションが崩れた」状態と呼んでいます。どんな店にも起こりうる「魔の刻《とき》」です。不思議なもので、そういう時は焦っても何も出てきません（さらに不思議なことに、魔の刻を過ぎるとすべての料理が次々と一気に完成したりもします）。

そんな中、ホールスタッフのひとりがキッチンにこんな声をかけました。

「B3卓の二名様、お料理ご請求です」

これをもう少しわかりやすく翻訳すると、「テーブルB3のお二人様連れのお客様が、時間がないから料理を早く出してほしいとおっしゃってます」ということですね。しかしキッチンからは、怒声と言ってもいい声で、とんでもない返答が返ってきました。

「こっちだって一生懸命やってんだよ！」

これが最低最悪の返答であるということは、誰でも理解できるかと思います。それが料理長だったのか、その時その代理を務めていた人物だったのかはわかりませんが、完全に失格です。その時のホールスタッフの胸中を代弁してみましょう。

「一生懸命かなんか知らねえけど、お前の『お気持ち』なんざどうだっていいんだよ！

オペレーションが崩れてるのは誰の目にも明らかなんだから、お前はその状況をこっちに伝えるのが今の仕事だろうが。そんな当たり前のこともできねえガキはとっとと料理人なんか辞めちまえ！」

もちろんそのホールスタッフは何も言わず踵《きびす》を返しました。こんな頭に血が上った状態の馬鹿に何を言っても無駄だからです。せめて落ち着いてから謝罪の一言でもあれば良いのですが、たとえ謝罪があったとしても、信用はガタ落ちです。もちろんそんなやりとりを耳にしてしまったお客さんもいい迷惑ですし、もしかしたら二度と来ないかもしれません。

しかし残念ながら、この種のやり取りは、多くの飲食店で起こっているはずです。この場合、本来の適切な返答はこんな感じでしょうか。

「（オーダーチップや厨房《ちゅうぼう》内の状況を瞬時に確認して）もうオープンには入ってるから、遅くとも一〇分以内には出せるとお客様に伝えてください」

緊急なのでもう少し手短でもいいですね。

「もうオープンだからあと最長一〇分！」

そうしたらホールスタッフはB3卓に戻り、その場に応じた適切な言葉遣いに翻訳して、それをお客様に伝えます。もしかしたら「一〇分は待てない」ということになるかもしれませんが、それでもそれは、最悪な状況下での最善の対応です。

サービスという「技術」

この一例をとっただけでも、キッチンとホールは連携がとても大事だということがおわかりかと思います。そのチームワークがあって初めて、お客様を満足させ、楽しませることができるのです。そういう意味で両者は対等なのですが、どちらがどの程度主導権を持つかは、店によって少しずつ異なります。先ほどの「一生懸命やってんだよ」の店は、なんとなく、あまり良くない意味で普段からキッチンに主導権がある状況を思わせます。

最近は、どちらかというとホールに主導権がある店が、昔より増えている体感があります。昭和の時代まで遡れば、今で言うホールスタッフは「お運びさん」と呼ばれたりもしていました。求人広告でも「お運びさん募集　若干名」みたいな感じです。つまり料理さえ運んでくれたらそれでいい、ということです。もちろん接客業ですから、単純にそれだけというわけにもいかなかったはずですが、現代とはかなり意識は違ったはずです。

今でも古くからの店で時々、お店の人が（今の感覚からすると）妙に無愛想だったりつっけんどんに感じられたりすることがありますが、あれは「接客」「サービス」という概念が今ほど浸透していなかった時代の名残《なご》りでもあります。個人的には決して嫌いではありませんが、今はかつてと比べてサービスが技術として格段に進化しています。言葉遣いはもちろん、笑顔での接客、お客様に対する声の掛け方やタイミング、商品知識、あるいはそれこそキッチンとの連携など、サービスマンは料理人と同じく、プロフェッショナルな専門職なのです。

逆に言えば現代のサービスマンは高度な技術を身に付けねばなりません。そして料理人もまた、それと同等レベルのものを身につけられるに越したことはありません。特に、最終目標として独立を考えているなら、それはむしろ必須と言っていいでしょう。

ホールの仕事を侮るなかれ

私がかつてキッチンスタッフとして働いていたあるお店は、三フロアある大型の店だったこともあり、キッチンスタッフとホールスタッフは、珍しく完全に分業でした。お互いがお互いの仕事にまったく立ち入ることが無いだけでなく、キッチンは完全にホールから隔離される作りだったので、お互いの仕事の様子はまったく知りえません。それもあってその店は、完全にホールが主導権を持つ店でした。キッチンは、すべてホールの指示に従って動くしかなかったのです。

ある時そのキッチンで料理長に次ぐ二番手だったコワモテの先輩が、意を決したように店長にくってかかったことがありました。

俺たちが大変な思いをして重労働で料理を作ってる間、ホールのやつらはそれを運ぶだけで、後はお客さんとくっちゃべってるだけだ。なのにいつも偉そうに俺たちに指示を出すばかりで、しかもそれで給料が同じなのはやってられない。だから俺はこんな店辞める、というのがその主張でした。

しかしその時店長は、ことも無げにそれをいなしました。

「そうか、だったらお前、ホールにコンバートしてやろうか」

先輩は先ほどまでの勢いはどこへやら、あっさりとその条件をのみました。そして早速翌日から、小汚いコックコートから可愛《かわい》らしいホールの制服に着替え、丸坊主の頭を赤いバンダナで隠した先輩は、ニッコニコでホールに立つことになりました。その様子をチラ見した我々キッチンの若手スタッフは、陰で腹を抱えて大笑いしました。

結局先輩は、一カ月もたたない内にキッチンに戻ってきました。使い物にならなくて追い出されたのか、ホールの大変さに初めて自ら気付いたのか。もちろん先輩は多くを語りませんでしたが、キッチン内における彼の立場は微妙に変化していました。かつては「顔は怖いけど腕は確かな料理人」と見做《みな》されていた彼は、今や「ただの中途半端なヘタレ」になっていたのです。さすがに居《い》た堪《たま》れなかったのでしょうか、結局その後しばらくしてそこを辞めていきました。

ホールの仕事、努努《ゆめゆめ》侮ることなかれ。料理人こそ、そのことは常に肝に銘じていなければなりません。

side dish 「自分は自分らしく」でいいのか

私が最初に飲食店での仕事を経験したのは、大学生時代のアルバイトでした。きっかけは純粋に料理への興味からだったので、もちろんキッチンでの「調理補助」を希望しましたが、実際は当然のようにホールに回されることもありました。

当時の私は今で言う「コミュ障」だったのかもしれません。話しかけられたことに答えるのはさほど苦痛ではありませんでしたが、よほど仲の良い一部の友人を除けば、自分から誰かに話しかけるのは極めて苦手でした。基本的にいつでも一人で行動するのが気楽で、大勢の集団の中になんとなく混ざるのはまだしも、誰かとサシや少人数で行動するのはなるべく避けていました。

飲食店のホールでの仕事は、当然、自分の方から何くれとなくお客さんに話しかけなければなりません。気分を損ねるなんてもってのほか、不安を感じさせてもいけませんし、できれば積極的に楽しませられるに越したことはありません。「コミュ障」

にとってはあまりにも過酷な職場だと思われるかもしれません。ところが僕はこれを案外難なくクリアしました。と言うのも、この仕事を始めてすぐ私は「ここではここの仮面を被《かぶ》ればいいんだ」と気付いたからです。

つまり、普段は一人が好きな陰気な若者である自分も、この店では「にこやかで親切な店員さん」というキャラクターを演じればいいんだ、と開き直ったわけです。それは普段、自分がなりたくてもなれないキャラクターでした。要するに役者が舞台で役になりきるみたいなものではないか、と。そう思うと、それは案外簡単でした。

人は誰でも心のどこかに「他人に親切にしたい」という気持ちがあると思います。本能のようなものです。普段の私は、他人と深く接触することをなるべく避けたいあまり、その本能は封印するしかありませんでした。親切がありがた迷惑になったらどうしよう、という恐怖もあったと思います。しかしここでは遠慮する必要なんてありませんでした。常にお客さんを観察して、今何をしたら喜んでもらえるだろう、とひたすらチャンスを窺《うかが》い続けました。

そういうことを繰り返しているうちに、「馴染みのお客さん」も増えていきました。

その馴染みのお客さんとサシで飲みに行くようなことを想像すると、やっぱりそれは嫌でしたが、少なくともここにいる間は、自分は常に「社交的で親切な明るい兄ちゃん」でいられたのです。それは当時の私にとって、ある種の救済だったことは間違いありません。私生活におけるコミュ障も、多少はリハビリできた気がします。

昨今は「いつでもどこでも、無理せずそのままの自分でいていいんだ」という風潮が、昔より随分一般的なものになっているのを感じます。もちろんそれはそれで救済だと思います。自分を偽ってまで他人に合わせる必要は無い、同調圧力に屈する必要は無い、それは主体性やアイデンティティを守ることでもあります。

しかし、こと接客業においては——いや、もしかしたらそれは他の色々な仕事においても言えることなのかもしれませんが、そこにおいて求められている自分の役割を演じることもまた、他ではなかなか得難い救済になるのではないかと思います。演じることで誰かから必要とされ、感謝され、結果として成果も上がる。これこそ「仕事」の醍醐味なのではないでしょうか。

「役者は三日やったらやめられない」なんて言いますからね。それと同じです。

8　料理を学ぶということ

「見て覚える」こそが重要

さて、あなたは新人としてまずは調理補助に追われ、それにもだいぶ慣れてきました。スピードも最初の頃に比べて格段に早くなったはずです。指示を待つだけでなく、自分から仕事を見つけてテキパキとこなせるようにもなったでしょう。

もしかしたらそれと並行して、ホールの仕事も一通り体験できたかもしれません。であればラッキーですね。いずれにせよ、そのあたりから徐々に、もっと料理らしい料理を任されるようになっていきます。最初は簡単な仕込みや、既に仕上がっているパーツを組み合わせるだけのことだったりもしますが、もちろん徐々にその内容は高度なものになっていきます。

任せられると言っても、当たり前ですが、どんな簡単なものでも最初は教えてもらわないといけません。なのであなたがやらねばならないことは「**教えられたことを教えられたままに忠実に行うこと**」です。しかしここで、残酷な事実があります。同じことを同じように教えられても、おぼえのいい人間とそうでない人間がいるということです。そこはもう、身も蓋もないのですが、努力しかありません。センスの差はそれで埋めるしかないのです。

ただし努力の仕方にもやっぱりコツがあります。最高のコツをひとつ教えましょう。それは、**先輩のやっていることを常に観察し続けること**です。実はこれは既に入店した瞬間から始まっています。実際教えてもらえる段階になってからでは、実は遅いのです。もちろん、自分には自分の仕事があるわけで、それで手一杯かもしれません。しかしそれで諦めたらそれまでです。チラ見でも、バレない程度に自分の仕事を（多少は）手を抜いてもいいでしょう。とにかく、見る。観察する。時には「なぜそのタイミングでそれをするのか」を考えてみる。考えてわからなかったら聞いてみる。これは言い切ってもいいのですが、聞かれて答えてくれない料理人はいません。それどころか、確実にあなたの評価は上がります。先輩は、そのことの大事さを知っているはずだからです。

なので実は、自分の仕事を一旦中断して一時的に先輩の仕事を見ることに専念しても、たぶん怒られません。これはさすがに「絶対」とまでは言えず「たぶん」でしかありませんので、そのあたりはその都度空気を読んでください。でもたぶんだいたい大丈夫。

昨今、「見て覚えろ、なんて時代錯誤だ」ということがよく言われます。しかし私の経験上、少なくとも**料理に関しては、見て覚えるほど効率的な学習法はありません**。ただし同時に、見て覚えるだけでは限界もあります。見て覚えろが時代錯誤、というのは、それだけで完結させろということは無理がある、ということだと解釈すべきです。見る、質問する、見る、見る、質問する、見る……この繰り返しが最も効率がいいと私は確信しています。あくまでその総仕上げが「教えてもらう」だと思っておいた方が良いでしょう。

料理人の個性、店の個性

そうやってあなたは、先輩たちの技術を徐々に我が物にしていきます。「盗む」と言ってもいいでしょう。ここでちょっとした問題が発生することがあります。A先輩のやり方とB先輩のやり方が微妙に違うことがあるのです。むしろこれは飲食店あるあるでもあります。もちろんあなたは、両方の先輩の顔を立てる必要があります。A先輩の見ている前ではやり方Aを、B先輩の見ているところではやり方Bを実行するのみです。二人とも見ていたら？　まあそれは状況に応じてなんとかしてください。場合によってはしれっと二人の前で「どっちのやり方がいいんですかねえ」と質問して、自分たちで解決させるという高等テクニックもあります。

めんどくせえな、と思うかもしれません。しかしこれは案外、自分の糧になります。言うなれば二通りのやり方を知れて、さらにそのどちらが優れているかを自分で考える良い機会だからです。なぜそれが「良い機会」なのか。ここまであなたは、先輩たちを全面的に信じて、教えられた通りにやってきました。しかしそろそろ、それを疑い始めてもいい段階だからです。

料理人ひとりひとりには、ある種の「クセ」があります。これはほぼ「個性」と言い換えてもいいと思います。そして当然ながら、店にも店ごとのクセがあります。それがその店の個性です。自分がこれまで習い覚えてきたレシピや「やり方」は、絶対的に正しいものなのか。実はもっとおいしいレシピがあり、もっとうまいやり方があるのではないか。それを疑い始めることができたら、あなたは次のステップに進んだと言えるでしょう。

この時、調理師学校出身者は少し有利です。調理師学校のカリキュラムが絶対的に正しいとは限らないかもしれませんし、そこで教えられたことがすべて身に付いている卒業生はあんまりいません。しかし少なくともそこで教えられることは、最もオーソドックスな技術です。いわば中心値。自分が覚えたこととその中心値の差を知ることで、その店の特殊性、つまり個性が浮かび上がってくるのです。

そこであなたは、「なるほど、そこが違うからウチの店は特別おいしいのか！」と思うこともあるかもしれませんし、逆に「そこが違うから自分には違和感があったのかもしれない」と思うかもしれません。いずれにせよ、そうやってあなたは、自分の技術を相対化すると共に、自分のいる店の価値を再確認できることになります。とりあえず中心値を知るには（あるいは調理師学校で学んだはずのそれを学び直すには）、専門書が最も確実かつ手っ取り早いはずです。ネットでもそれっぽい知識は手に入りますが、その精度はまったく違うと思っておいた方がいいでしょう。専門書というのはずいぶん高価なものですが、そこをケチるべきではありません。

食べ歩きのすすめ

そのあたりの理解をさらに深めるために、絶対にやった方がいいことがあります。それは、よその店に積極的に食べに行くことです。その場合自然と、まずは自分がいるお店と同じジャンル、同じくらいの価格帯の店に行くことが多くなるでしょう。

そこでは、自分がいる店や普段自分がやっていることをさらに深く「相対化」できます。訪問した店と、普段やっていることと、専門書に書いてあることが一致していたら、それはほぼ普遍的なことであり、これからもずっと守り続けていかねばならないことだと確信できます。

そしてそれ以上に大事なのは、もちろん「違いを知る」ということです。味付けなどのごくささやかなディテールの違いもあれば、根本的な違いもあるでしょう。同ジャンルであってもまったく知らなかった料理に出会うことだってあります。そしてそういう出会いこそが、他店を訪問するときの何よりの喜びになっていくのではないでしょうか。

そういう意味では、ジャンルや価格帯の違う店の方が、むしろ発見が多いかもしれません。特に高価格帯のお店から得るものは大きいはずです。専門書を買うよりさらに高くつきますが、ここもやはりケチるわけにはいきません。なんとかやりくりしましょう！

ただし、より低価格な店から得られることもたくさんあることは知っておくべきです。少なくとも「見下す」態度で行ってしまっては行くだけ損です。

昔、高級フランス料理店で働き始めた後輩と、その店よりはずいぶん安いビストロに行ったことがありました。シンプルにおいしくボリュームたっぷりの料理に彼は終始感動していたのですが、一番驚いたのは肉料理のガロニ（付け合わせ）だったそうです。

彼のいる店では、付け合わせの野菜は輸入物のフランス野菜など珍しいものが少量、繊細な手間をかけて添えられていたようなのですが、その店のものは全然違いました。大根、蕪《かぶ》、ブロッコリー、椎茸《しいたけ》、トマト、といったごくありふれた野菜が、皮もヒゲ根も付いたまま焦げんばかりに猛然と焼かれ、肉をおおい隠し皿からこぼれんばかりにドカッと盛られていたのです。

彼は、普段自分がやってることは何だったんだと思いました、と笑っていましたが、もちろんそれは高級店がやらねばならないことの意味は充分理解した上での冗談です。しかし彼はそこで、普段とは違う角度から何かを得たのは間違いないでしょう。

もっと安い店、それこそチェーン店であっても、やはり必ず学びがあります。そういう店に行かない、あるいは馬鹿にして漫然と食べるだけでは、料理人として失格だと私は思います。

自宅でも料理を

そうやって方々で様々な発見があったら、きっと自分でそれを再現してみたくなるはず。その場としてとても重要なのは、以前にも触れた「まかない」です。どれだけの精度で再現できるのか、そして先輩や同僚の反応はどうか。なかなかの緊張感でしょうけど、やりがいのある機会ですね。

ただし、まかないだけではどうしても限界があります。使える材料にはかなりの制約がありますし、悠長に時間をかけるわけにもいきません。そうなると結局一番手っ取り早いのは、食材を買い込んで自宅で作ることです。職場によっては休憩時間や終業後に厨房を自由に使わせてくれるところもあるかもしれませんが、どちらかと言うと稀《まれ》ですし、私の経験上それは何かと気を遣わねばならないことも多くて、作ることに集中できません。

私が修業を始めた頃、つまりそれは三〇年近く前ということになりますが、その時代は「プロの料理人は家で料理なんてするものではない」という意見が主流でした。しかし私はその時代も家で常に料理をしていました。正直、勉強のためなどという高尚なものではなく、好きでやっていただけです。店とは違うジャンルのものを作ることも少なくなかった、というかむしろその方が多かったかもしれません。新しく作ってみたい料理や試してみたい技法は無限にありましたし、それは純粋に趣味でもありました。料理の仕事の息抜きが料理、というのはある種異常な状況という気もしますが、一日中試飲をしているウイスキーのブレンダーさんも仕事の後の一杯が何よりの楽しみ、なんて話もありますし、案外世間ではよくあることなのかもしれません。

それはともかく、そんな時代に、私は「家でも料理している」ということを仲間内では言えませんでした。うっかり口を滑らせて馬鹿にされたこともあります。しかし私は、その価値観はもはや過去のものになりつつあると確信していました。

それよりもっと古い時代、飲食店は同ジャンルであればどこも似通った料理を出していました。料理人は先輩から技を学び（盗み）、それと同じことを繰り返し、暖簾《のれん》分けしてもらって独立後もそれを続ける、というのが基本的な流れだったのです。そうであればやるべきことはただひとつ、店での毎日の仕事の中でひたすらその精度を高めていくのみ。

しかし時代は変わりました。そういうある意味厳格で、またある意味では牧歌的な時代ではありません。もちろん闇雲に何でも新しいことをやればいいという話ではありませんが、現代は切磋琢磨《せっさたくま》の時代。言い換えると差別化の時代です。他人がやっていないことで、言葉は悪いですが「出し抜く」ことができないと店は生き残れないのです。

基礎をしっかり固めることは大事ですが、同時に幅広い視野で、自分だけの、誰にも真似《まね》のできないスタイルを作り上げていくことが最終的には何より大事なのではないか、と思います。それが生き残る術《すべ》です。

……と、大上段に構えて語ってしまいましたが、本質的には「料理を楽しむ」ことが一番重要、というだけの話かもしれません。勉強の名目で食べ歩きにお金を使っても、料理本に散財しても、誰にもそれを無駄遣いとは言われませ……言われるかもしれませんが堂々と反論できます。新しい食の情報は常に大量に流れ込んできます。自分でも試してみたいことはどれだけでも増えていきます。ラッキーなことに、飲食業の労働時間は昔に比べたらかなりマシになっています。プライベートでも料理に注《そそ》ぎ込める時間は増えているのです。

先ほどは「異常な状況」と言いましたが、撤回します。料理人は仕事も趣味も料理、というくらいでむしろちょうどいいのではないでしょうか。

かつて友人のミュージシャンがメジャーデビューを果たしました。その彼が言っていました。「メジャーデビューできて何が嬉《うれ》しかったって、一日中音楽のことだけを考えていられること！」。残念ながら彼のバンドはアルバム二枚ほどで契約を打ち切られてしまい、今では普通の仕事をしながら趣味で音楽を続けています。

料理人は、ミュージシャンよりはだいぶ、続けていける可能性の高い仕事です。結婚したり子供が生まれたりとライフステージが上がると、なかなか料理のことだけというわけにもいかなくなるかもしれませんが、少なくとも若いうちは、生活のすべてを料理で埋め尽くしてみてもいいのではないでしょうか。

9 「手の早さ」は一生の財産

とある新人料理人の仕事ぶり

私がかつてお世話になった先輩の店の話です。その店は今時珍しく、結構な席数があり、オープンキッチンではオーナーシェフである先輩を含めて三人の料理人がいつも忙しく立ち働いています。ある時その店に久しぶりに食事に行くと、そこにはもう一人、若い料理人がメンバーに加わっていました。ピークタイムは外して行ったので、料理人のみなさんは、仕込みをしながら時折入るオーダーに対応しています。新人の料理人さんは、ニンニクの皮を剝《む》いてそれをスライスする仕事を任されていました。私は自分がオーダーした料理を待つ間、その新人さんの動きが気になって仕方がありませんでした。なぜなら、その手の動きが妙にノロノロしているように見えたからです。

これは絶対に怒られる……。私は他人事ながらヒヤヒヤしていました。なぜならばその先輩は、仕事に対して人一倍厳しい人だったからです。怖いと言っても過言ではありません。新人さんの作業は、丁寧と言えば丁寧でした。決して安くはない店ですから、それはそうでなければならないでしょう。そのニンニクも、明らかに国産の、ぷっくりとした上級品でした。しかしそれにしてもその動きは、早さを意識しているとはとても思えませんでした。極めてマイペース、という印象です。

彼のその姿は、明らかにオーナーシェフの視界には入っているはずです。その内にまた新しいオーダーが入り、料理人の一人は仕込みの手を止めて、その調理に取り掛かりました。材料の一部は、新人さんが作業しているコールドテーブル（下が冷蔵庫になっている調理台）にも収められていたようで、料理人さんはそこからも自分で食材を取り出しました。

いよいよヤバい、と私は震えました。これは間違いなく怒られる。新人なんだから先輩の仕事を可能な限りサポートするのは当然、という以前に、自分の手の届く場所にある食材を取って手渡すことは全体の効率を高めます。しかし新人さんは、相変わらずマイペースにノロノロとニンニクを切っているばかりです。

しかし結局オーナーシェフは、その様子をチラリと見ただけで、何も言いませんでした。私はほっとしつつ、でもなんだかむずむずして、後でオーナーシェフにそのことを話してみました。「先輩もずいぶん丸くなりましたね」と冗談めかして話題にしてみたのですが、先輩は複雑な笑いを浮かべて、こんなことを言いました。

「今時そんなことをいちいち指摘してたら、すぐ辞められちゃうよ」

それは冗談めかした問いに冗談で返す、というテイでしたが、きっと切実な本音だったのでしょう。

「下手したらパワハラで訴えられるからね」

その店の二番手の料理人さんが別の店に移ることはもう決まっており、人員の補充は必須だったので、辞められてしまうことだけは何が何でも避けなければいけないという事情があったようです。

「手が早い」とはどういうことか

私は先輩が可哀想《かわいそう》だと思いましたが、新人さんはもっと可哀想だと思いました。これは私の感覚が古いと言えばそれまでなのかもしれませんが、料理人の世界では「手が早い」というのは、最大級の褒め言葉であり、反対に「手が遅い」と思われることは最大の屈辱です。「手が早い」というのは、単純に手の動きのスピードだけを指すのではありません。もちろんそれは最重要事項ではありますが、食材や調理器具の配置に気を遣ったり、何かあればすぐに他の人のサポートにも入れる態勢、無駄の無い動線、適切な段取り、そういった要素を包括した概念がこの「手が早い」です。「綺麗《きれい》な仕事をする」という評価ともほぼ同義です。

料理人は誰しもが、この「手の早さ」を身につけるのが大事だというのは、少なくとも私の中では常識でした。多くの場合、人はそれを先輩の背中を見て学びます。そしてそれだけではなく、「手の遅さ」を指摘されることで、なにくそ、と奮起します。意識して経験を積めば、（私のように不器用な人間でも）確実に手が早くなります。そしてある時から、あいつは手が早い、と一目置かれるようにもなるのです。

その新人さんは（今のところ）完全にその機会を逸しています。かつてのように「何チンタラやってるんだ！」とドヤされることがなくなりつつある現代は、確かに働きやすくなったのかもしれませんが、自分からよほど意識し続けない限り成長の機会も得られない、というある意味シビアな時代でもあるのかもしれません。

「給料に見合った最低限の仕事さえできていればいいだろう」「頑張りすぎると『やりがい搾取』になってしまう」といった考え方自体を否定するつもりはありません。お恥ずかしながら私も、若い頃コンビニでアルバイトしていた時などは、完全にこの考え方でした。いかに手を抜いて楽をするかしか考えていなかったと言っても過言ではありません。

しかし料理人の世界は、そういうのとはやはり少し違うと思います。手の早さは、頑張る頑張らないといった精神論の話ではなく、歴《れっき》とした「専門技術」だからです。頑張って急にどうにかなるものではありません。そしてその身につけた技術は、一生の財産となります。

スターバックスの「遅さ」

スターバックスが初めて日本に進出した時、それを視察したカフェの関係者は皆、その「遅さ」に驚いたと言います。日本のカフェ・チェーンはどこも、いかに素早く商品を提供するかが考え抜かれています。みなさんも日頃、こういうカフェのカウンターで、一人のスタッフがレジもドリンク作りも兼任しながら、時には他のスタッフとも連携して流れるようにオーダーをこなしている姿をよく目にするのではないかと思います。コーヒーマシンのボタンをとりあえず押して、その間に別の少し手のかかるドリンクも作り、合間にレジをこなし、お客さんを誘導し、声を掛け合ってタイミングよく他のスタッフのサポートもする。そのための材料や器材の配置も、考えに考え抜かれています。すべては早さのためであり、「手が早い」という概念を、個人の技術だけではなく、システムとして実現しようとしているように見えます。

そんな日本のカフェ関係者から見ると、スターバックスの思想は、そういうものとはまったく違うものに見えたようなのです。スターバックスでは、ドリンクを作るスタッフは基本的にそのことだけに専念しており、なおかつ同時に複数の作業をこなすことはあまりありません。そもそも機材や材料はそれを前提にした配置にはなっていないように見えます。スタッフはあらゆるドリンクを一杯ずつ順番に作り、時にはそれに手書きのメッセージも書き込んで、待っているお客さんにニッコリと手渡します。その作業をレジなどにいる他のスタッフがサポートするのも見たことがありません。

しかし現実問題、スターバックスはそのやり方でしっかり支持を勝ち取り、大躍進を遂げました。もちろんそこには、ブランド力や付加価値の付け方など様々な要素があったからなのでしょうが、ある意味極めてマイペースな動き方は、少なくとも多くの人々に受け入れられています。

何かというと「今時の若いもんは」と言い出す老害めいた言い方になりますが、スターバックスに限らず、最近の飲食業界の若手たちは「手の早さ」を、かつての我々ほど意識していないように見えます。自分らしくマイペースで働くことが、許容どころか評価される、そんな時代になりつつあるのかもしれません。ある意味、幸せな時代なのかもしれません。しかし本当にそれでいいんだろうか？　と、私はふとした違和感も感じてしまうのが正直なところです。

人時生産性は最重要指標

「人時生産性」という言葉があります。一人の人間が一時間あたり、どれだけの売り上げや利益を出しているかという指標であり、飲食店において最重要の指標と言っても過言ではありません。当然この数字は、高ければ高いほど良いわけです。かつてのように長時間労働が当たり前のように看過されていた時代より、今はかえってそれが重要になっています。

もっともそのことを、料理人になったばかりの内は特に意識する必要はないかもしれません。しかしこれは、料理長や店長などもっと責任ある立場になったら常に意識する必要に迫られますし、ましてやもし最終的に独立を考えているのなら、そこでは大袈裟《おおげさ》でなく死活問題になります。

ここまででも何度か触れているように、今は雇用自体が難しくなっています。そうなると必然的に、少人数で効率よく成果を出すことは一層重要です。チェーン店では、その問題をシステムや機械化で解決しています。店舗での調理を可能な限り簡略化するためにセントラルキッチンの役割はますます重要になっていますし、モバイルオーダーやセルフレジ、そして遂にはネコ型配膳ロボットなど、人手を減らすための技術はまさに日進月歩。きっとそのうち、より高度な自動調理機械や、ドローンによる配膳なんかも生まれるであろうことは想像に難くありません。

もちろんチェーン店ではない個人店でも、今後そういったテクノロジーを導入していく流れは進むことでしょう。「券売機」という、極めて素朴なセルフオーダー・セルフ会計システムは、既にすっかり市民権を得ています。配膳・下膳をお客さんがセルフで行うやり方は、かつては低価格店だけに許されるものでしたが、今では随分その範囲が広がっています。

しかしそれでも、特にこれを読んでいるであろう料理人さんや料理人志望者がイメージするであろう個人経営の飲食店においては、人力によるアナログな生産性の向上は絶対に無視できないはずです。いろんな意味で、資本力の大きいチェーン店有利な環境は、今後も一層進んでいくと思います。そこと戦って勝つために、アナログな人時生産性の向上、すなわち「手の早さ」は、むしろ極めて有効な武器になるというのが私の基本的な考えです。手が早い／遅いは、もはや料理人のプライドの問題ではなく、まさに死活問題なのです。

そうは言いつつ、「マイペースで自分らしく働く」という価値観は、世間でかなり浸透しつつあります。人時生産性を上げるアナログな努力としては、手の早さで多くの仕事をこなすのではなく、価格を上げるという方法もあります。実際、マイペースな仕事ぶりが逆に「クラフトマンシップ」的な好印象を与えることで、かえって高い価値を生み出しているような印象の店も少なくありません。スターバックスもある意味そのひとつなのかもしれません。

営業は週四日だけ、それ以外の日は「仕込み」に充てています、場合によっては本来の店休日以外にも予告なく臨時休業します、営業している場合も売り切れ次第終了です、というスタンスの店は、都市部を中心に確実に増えています。そういうスタイルこそが現代的であるという見方もできるでしょう。

　誤解の無いように言っておきますが、そういう選択肢があること自体は問答無用で良いことです。本当に良い時代になりました。そういうスタンスで経営が成立している店は、お見事としか言いようがありません。むしろすべての料理人にとっての理想の姿のひとつなのかもしれません。なんなら私から見ても羨ましいくらいです。

　しかし同時に、そこには本質的な危うさも感じます。若い割に妙に昔気質なとある店主は、同年代の同業者のそういうマイペースさに対して、

「まああいう店が増えてるのはむしろありがたいですよ。あいつらそのうち勝手に自滅して競合店が減りますからね」

　なんていう壮絶な皮肉を口にしていました。普段は穏やかで優しい男なので、私は私のことを言われているわけでもないのに、ちょっと背筋が凍る思いでした。

「勝手に自滅する」という彼の見立てが、正鵠《せいこく》を射ているのかどうかは、私には判断し

きれません。しかし少なくとも「手の早さ」は、この生き馬の目を抜くような飲食業界において、自分を守る基本スキルであり、最後の防衛線なのは間違いないとも思います。いくらでも手は早くできるけど、ワークライフバランス的な価値観も含め、あえてマイペースを通すのと、マイペースにしかやれないからそうしているのとでは、まったく違うと思います。それは、飲食業界で生き残り、そして幸せな料理人としての人生を生きるためには一生の財産である、という確信だけは揺らぐことはないでしょう。

10 独立する人たちへ

独立に向けて

さて、あなたは料理人として一人前です。何をもって一人前とするかは難しいところですが、まあ、自分で自分が一人前だと思えたらそれでいいんじゃないでしょうかね。そうなるといよいよ独立を考え始めることになるかもしれませんが、ひとつ大事なのは、料理人として一人前になるだけでは独立はできないということです。ここまでに、料理人の仕事は料理だけではない、ということについては説明したと思います。そんな料理以外の仕事に関しても、あなたは既にエキスパートでなければなりません。でも少なくとも、料理人として一人前になる過程で、あなたはそのことを既に身をもって知っているはずです。だからこのことについては、これ以上クドクドとは言いません。

これも当たり前のことですが、独立するということは、料理人である以前に経営者になるということです。ここまでの経歴で、ある程度の規模のお店で「店長」という職務を経験しておけば、ここはだいぶ有利になるはず。店長というのは、オーナーや会社に経営を一部任される職種と言えます。どの程度の権限（と責任）が与えられるかは色々なケースがありますが、そこに真剣に取り組むということは「経営の練習」と言えます。是非、というか絶対に経験しておいてください。そしてそれに、料理以上に真剣に取り組んでください。

独立に必要なもの

独立にあたっては「先立つもの」が必要です。お金、ですね。いったい何に幾らぐらい必要なのか、手元には開業資金以外にどれくらいの運転資金を残しておくべきなのか、どこからどうやってお金を調達すればいいのか、そのお金を借りるための経営企画書はどうやって作成すればいいのか……。これは様々なケースがありますし、そういうことに関する専門書はたくさんありますから、ここではこれ以上触れません。保健所への申請など、お金以外の事務手続きもいろいろありますが、それももちろんそういう専門書に載っています。

もうひとつ、あらかじめ最悪のパターンも想定しておいた方が良いでしょう。「もしお店がうまく行かず、そのまま潰れてしまったら」です。原則としてはお店（会社）が潰れても、オーナー（社長）であるあなたの財産は守られます。しかし現実的には、個人店の借金はオーナー個人が連帯保証人になったり、個人で借金してそれを会社に貸し付ける形を取ることも多いはず。なので基本的に店が潰れるということは、あなた自身の自己破産とセットと考えておいた方がいいかもしれません。

自己破産と言うと人生が詰んだような印象も受けるかもしれませんが、決してそんなことはありません。いくらでもリカバリーはできます。とはいえそんなことは起こらないに越したことはないので、怖がりすぎずに正しく怖がりましょう。そのためには、その辺りの勉強もあらかじめしておく必要があります。

飲食店は本当に「すぐ潰れる」のか

潰れる話を続けますが、もう少し辛抱してください。飲食店は開業から三年で七割が潰れ、一〇年後には一割しか残らない、なんていうことが言われています。もちろんこれはデータに基づく数字です。

飲食業は参入障壁が低いが持続性も低い、つまり始めるのは比較的簡単だけど継続していくのは難しい、というのは確かです。ただこの数字自体は、個人的な肌感覚とは大きく乖離《かいり》しています。おそらくこの数字には、資本のあるところが立ち上げた店を早めに損切りして別の店を立ち上げ直す、いわゆるスクラップ&ビルドや、異業種の会社が安易に飲食部門を立ち上げて案の定うまく行かない、みたいなパターンも多く含まれているのではないかと思います。経験のない個人が流行りのフランチャイズに手を出し、流行が終わってそのまま閉店、みたいなこともよく見聞きしますね。もちろんこれはこれで深刻な問題ですが、おそらくこれを読んでいるみなさんにはあまり関係のないことでしょう。この「廃業率」と、我々がイメージする「独立からの失敗」は、似ているようでだいぶ違うのかもしれません。

私もこれまで、一緒に働いてきた仲間や他店の知り合いが独立していった例をいくつも見てきました。今そのひとつひとつを思い返してみると、店を潰してしまった人はむしろ少数です。その少数も、家業を継がなくてはいけなくなった、とか、副業の方が軌道に乗ってそちらに専念することになった、など「自己破産」とは無縁なケースがほとんどです。もちろんそれはたまたまであり、私の周りが優秀な人たちばかりだった可能性は否定できません。

しかしみなさんはおそらく、自分が独立するまでに、先輩たちが独立していくのを見送っていくことになると思います。きっとその多くが、なんだかんだなんとかなっている様も見ることになるでしょう。先輩すごいなあ、先輩いいなあ、俺もああなりたいなあ……そうやってその後ろ姿を追っていくことができれば、独立は（もちろんたいへんですが）、そんなに怖いことではありません。怖いのは、とにかく、安易な独立です。まあそんなことくらい、飲食業に真面目に携わっていれば嫌でもわかるはずですが。

世間ではよく、退職したサラリーマンが退職金を注《つ》ぎ込んだ店を潰す、みたいな話がおもしろおかしく語られることがあります。しかし少なくとも私の周囲で、そういう人は今のところほぼいません。飲食に対して情熱と知識があり、社会人としての経験値も高いからだと思います。私の知っているそういう人は若い頃に、あるいは開業前に、アルバイトなどでしっかり経験も積んでいます。逆に言えば、そういう諸々《もろもろ》が無いまま安易な独立で退職金を溶かしてしまう特別ウッカリした人が、世間で悪目立ちしているということでしょうか。

独立のカタチとキモチ

独立はほとんどの場合、ごく小規模な店から始めることになるでしょう。夫婦二人だけで始める、というケースが王道でしょうか。そしてそのままずっと小規模な経営を続けるというパターンが多いと思います。現代では、昔より確実に、人を雇うことが困難になっているからです。若年層の人口が減り続けていますし、人件費は上がり続けています。修業なんだから低賃金・長時間労働でも構わない、というのは完全に時代遅れの価値観です。「それでもいいから働かせて欲しい」と考える人が万が一いたとしても、それをそのまま受け入れるのは、現代の経営者としては問題です。

だから私は、夫婦なら夫婦で、ずっと小さい店をやり続けるのが「幸せな料理人」の生き方の基本だと考えています。ただし私は以前、この考え方をある年配の店主に嗜《たしな》められたことがありました。「そういうことを言うものではない。それではあまりに夢がない」、と言うのです。その方は、いく人かの大成功したオーナーシェフの名を挙げて、「あの人たちみたいに一軒の店を予約困難店にして、値段も相応にどんどん上げていき、人を雇って店を大きくし、支店も出してさらに優秀な若い人を集めて、しっかり儲《もう》けて名も上げる、そういう夢を持たないと単なる負け犬ではないか」と。

正直私はその意見に圧倒されました。一理あるどころか、確かにこれは正論かもしれません。ただ同時にそれは少し古い価値観であるようにも思いました。そして、その「儲けて名を上げる」というのは、自分の考える幸せとは少し違うような気もしました。でもそう思うこと自体、自分が向上心やハングリー精神に欠けているということを意味しているのかもしれません。

身も蓋もないことを言えば、どちらが幸せなのかは人それぞれでしょう。正解はありません。むしろみなさんがどう思われるかを聞いてみたいです。ともあれ、ひとつ確実に言えることは、始めた店は何が何でも潰したくない、という強い思いを持ち続けることがまず必要だということでしょうか。その先の話はまたその先の話です。


夫婦で始めた店でよく見かける「その後」があります。奥さんが妊娠して店に出られなくなるケースです。その場合、店は「ツーオペ」からそのまま「ワンオペ」に移行することもあれば、一時的にアルバイトスタッフを雇うこともあります。先に書いた通り、アルバイトスタッフを雇うことは現在困難ですし、雇えたとしてもそこにはまた別の苦労があります。あるお店では、奥さんが赤ちゃんをおんぶ紐《ひも》でおぶったままでお店に復帰しました。いずれにしても大変です。家族経営の小規模店ではある種の正念場と言えるかもしれません。

こういう事例を見聞きすると、改めて、先の店主が言ったように「人を雇って店を拡大」することで、家族経営から脱するのが正解という意見に説得力が生まれるような気もします。もちろんそこにも絶対的な正解はありませんが。

　夫婦ではなく友人同士で始めるというパターンもあります。いわゆる共同経営ですね。店長やマネージャー職を経験してきたサービスマンと料理一筋だった職人のタッグなんて、ある種理想的な形態にも思えます。ただ、これはあくまで一般論ですが、友人同士の共同経営は「絶対に」うまく行かないという意見もよく聞きます。どんなに気心の知れた仲の良い間柄だったとしても、経営となるとまた全く別問題だ、というのです。これは残念ながら、的を射た意見だと個人的には思います。もちろん世の中には、この形でうまくやっている人々も存在するのは確かです。きっと少なくともどちらかが、とてつもなくよくできた人なのでしょう。とりあえず凡人は慎重になった方がいいと思います。

何のための独立なのか

さてここに来てそもそも論なのですが、独立とは何のためにするのでしょう。料理人として腕を磨き、最終目標は独立です、というのは、夢や目標の持ち方としてはとてもシンプルでわかりやすいですが、じゃあその独立は何のため？　という話です。

「一国一城の主人になりたい」というのはまずありますね。第3章で登場したHくんは「若くして社長になってモテモテになりたい」というのが仕事のモチベーションでした。モテモテはともかく、社長になりたい、トップになりたい、誰の指図も受けない立場になりたい、というのは極めて健全な目標だと思います。ただし、水を差してしまうようですが、ある規模を超えた時の社長という仕事は、精神的に相当キツい仕事だと思います。その役目を引き受けられる人は、少なくとも並大抵ではありません。

「お金を儲けたい」というのもあるでしょう。被雇用者である限り、収入は上がっても天井がありますが、独立したらとりあえずそれはなくなります。

と言っても、独立直後はむしろ収入が減る可能性もおおいにあります。知り合いに、独立後もコンビニバイトを続けていた人もいました。私は、それは絶対にやめろ、そんな時間と体力があったら店の売り上げが一〇〇〇円でも上がる方法を考えろ、と忠告せずにはいられませんでしたが。幸いその店はすぐに軌道に乗り始め、彼はバイトどころではなくなりました。

飲食業は利幅の薄い商売です。総売り上げの一〇%も利益が残れば御の字。しかしこれは逆に言うと、そこから売上を伸ばせればみるみる利益が増えるということでもあります。この場合、売上が一割伸びれば、利益は倍とは言いませんが一・五倍以上になるでしょう。二割伸びれば二倍は確定です。実際は利益を一〇%残すこと自体が至難の業かもしれませんが……。

個人的には、独立の最大の目的は「理想の店を作るため」だと考えています。社会的ステータスは大事です。お金はもっと大事です。むしろ最優先と言ってもいいかもしれません。しかしその根幹には、この思いがないと、独立にはあまり意味がないのではないかと私は考えます。

料理人として組織の中で腕を磨き、そしてよその店のことや世の中の様々なことを知り、その中であなたの中にはきっと徐々に「自分にとっての理想の店」の像が浮かび上がってくるはずです。その像は最初はぼんやりしているかもしれませんが、経験を積めば積むほどそれは明瞭になっていきます。成長する中で、時にはその像が変形していくこともあるでしょう。そしてその変形後の像は、おそらく前よりも良い形になっているに違いありません。

その像が固まり、これで行けると確信できたら……いや、何が何でもこれで行きたいと明確に思えたら、それが独立のタイミングです。

「理想の店」の作り方

その時に、今いる組織の中にいたままで、その「理想の店」が実現できるケースも世の中には案外あります。社内独立とか社内ベンチャーと呼ばれる形ですね。「次の新店は君が好きなようにやっていいぞ」って感じです。「社長」ないし「オーナーシェフ」という社会的ステータスやお金の問題をどう捉えるかにもよりますが、私はこの種のチャンスは逃すべきではない、何なら組織内でそういうチャンスを引き寄せるべく自分から狡猾《こうかつ》に立ち回るべき、と考えます。まあ、ここにも絶対的な正解はないわけですけど、そういう選択肢もあるということは心に留めておいていいと思います。

何にしても「理想の店」の材料は、あなた自身の技術と経験とセンスの中にしかありません。その材料は多いに越したことはありません。材料が足りていないのに独立を焦るのが、安易な独立です。

そして現実とはなかなか残酷なものです。理想の店を実現したとして、それがそのまままうまくいくとは限りません。その時は迅速に軌道修正が必要ですが、そのための材料もまたあなた自身の中にしか無いのです。

もしうまくいかなかったらどう方向転換するか、言うなればそんなセカンドプランをあらかじめ想定しておくことも、私は強くお勧めします。こと飲食店に関しては、ひとつのことしかやれない人が独立するほど無謀なことはないと肝に銘じてください。

side dish カフェを開業したいのですが……

「自分でカフェを始めてみたいんですけどどう思いますか？」

という相談を受けることがあります。それがどのくらい本気の相談なのかはともかく、私はとりあえずこう聞きます。

「カフェ以外には何ができますか？」

レストラン、居酒屋、ラーメン、何でもいいのですが、カフェ以外の飲食店のノウハウはありますか、という質問です。これまでの経験上、「特にありません」という返答が返ってくることがほとんどです。私は、

「カフェしかできない人がカフェをやるほど無謀なことはありません」

と、はっきり宣告します。

もし「他には〇〇ができます！」という答えが返ってきたとしたら、それはそれで答えを用意しています。

「だったらまだ、そちらをやった方がいいと思います」

もっとも、実際にそういう答えが返ってきたことはありません。なぜならばそう答えられる人は、これまで独立経験は無かったとしても、既に「飲食のプロ」です。飲食のプロが「カフェで独立したい」と考えることはそうそうありません。


はっきり言って、カフェの経営はとても難易度が高いです。確かに利益率だけは高いかもしれません。原価率一〇%以下であるコーヒーを筆頭に、ドリンク類は基本的に割の良い商品です。フード類も、カフェであれば少し割高でも許されます。

しかしいかんせん、客単価の天井は低いです。せいぜい一ドリンク一フード、もしくはドリンク二杯まで。そしてそれですら、全体の中では少数派です。

そして一番の問題は回転率の悪さです。ラーメン屋さんなら、客単価は低くても短時間でどんどんお客さんが回転しますが、カフェは基本的に「ゆっくりするところ」です。そしてゆっくり過ごせることこそが価値であるカフェは、ゆったりとしたシーティング（席の配置）が求められます。雰囲気作りのためには、内装費なども余計にかかります。そのあたりをうまく解決したのがチェーンのカフェです。じゃあ個人店がそれと同じことをやって対抗できるかと言えば、さすがにそれは無理です。

個人経営のカフェでの成功例は、もちろんあります。しかし、一見そこそこ流行っているように見えたとしても、そのカフェ単体でしっかり利益が出ているケースは極めて少ないはず。持ちビルの一階テナントが空いているから、遊ばせておくくらいなら、とカフェを直営しているケースや、他にメインとなる事業があって、半ば税金対策のように運営されているケースなど。

それでもカフェ開業の夢を追う人々は後を絶ちません。自分の趣味やセンスを生かして自分らしくゆったりと働けるイメージが、あまりにも魅力的だからでしょうね。「自分でもできそう」というイメージもあるのでしょう。専門的な料理はできないけど、自分の作るパスタやカレーやガパオライスはなかなかおいしいぞ、みたいな。

残念ながら、趣味やセンスの良さに自信があっても、それを評価してくれる人は同じ趣味の人だけですし、そういう人たちだってそれを目当てにお金を落としてくれるとは限りません。パスタやカレーやガパオライスはマズく作る方がむしろ難しい料理であり、普通においしい程度のそれは、世の中にいくらでもあります。
夜のお客さんが少ないならディナータイムはアルコールをメインにおいしいおつまみを出したい、という話もよく聞きます。目を覚ましてください。プロの料理人が腕を振るい、お酒のプロもいる、安くておいしくてメニュー豊富な飲み屋さんが街にどれだけ溢《あふ》れていると思いますか？

厳しいことばかり書いてきましたが、私の仲間のひとりに、将来的にカフェをオープンさせる計画を練っている人物がいます。彼はもうかれこれ三〇年以上、飲食業に携わっています。喫茶店のチーフやホテルのサービスマンを皮切りに、その後和食店の店長としてその店を大繁盛店に仕立て上げ、今はその店を含む複数の店舗をマネージメントしています。サービスと管理業務を中心に、もちろん料理も一通りこなす、言うなれば飲食のプロ中のプロです。そんな彼が、飲食の仕事に入ったきっかけでもある喫茶店への夢を忘れることなく、いつかは、とそのタイミングを窺《うかが》っています。

ただしリスクが大きいのは百も承知ですから、かなり慎重でもあります。

私は、彼であればきっとうまくやるだろうと思っています。逆に言うと、このレベルでなければ、カフェの開業は素直に応援できません。

11　料理人の諦め方

「諦めることも常に視野に入れつつ頑張ってください」

かつてとあるグルメ番組の中で、名店と言われる飲食店で修業を始めたばかりの料理人に毎週スポットを当てて、その仕事ぶりを紹介するコーナーがありました。私はその番組自体は好きで時々観ていたのですが、そのコーナーに対してだけはうっすらとした嫌悪感を抱いていました。なぜならばそこでは、若い料理人の「苦労」ばかりがいたずらに強調されていたからです。

段ボールで積み上げられた野菜の皮剝《かわむ》きを延々こなすだけで数時間、その後それをひたすらみじん切りに、とか、ひと抱え以上ある大きなボウルに入ったハンバーグのタネを、氷水で手を冷やしながら力いっぱい捏《こ》ね続ける、などなど……。そこではとにかく、辛く苦しい単純労働ばかりが、これでもかと映し出されていたのです。

それはテレビ番組ならではの少し大袈裟《おおげさ》な演出のようにも見えました。つまり実際に普段やっている量よりずっと多い野菜が用意されていたり、普段は機械で行っている作業を撮影用にその時だけ人力でやっていたのでは、という疑惑です。もしくは本当にそういう「名店」では、このように過酷にすら見える労働が日常だったのか。どこまでがリアルでどこからが演出だったのかはわかりませんが、いずれにせよそれは実際に飲食業に携わっている立場からは、観ていて決して愉快な光景ではありませんでした。

このコーナーのビデオが終わると、スタジオ映像に切り替わり、その日のゲストが若き料理人へのメッセージという形でコメントを発するまでが一連の流れでした。そこでは毎回、

「辛い仕事でしょうが、ぜひ耐えて、『未来の巨匠』目指して頑張ってください！」

といったようなメッセージが送られるのがお約束で、それもまた私にとっては鼻白むポイントでした。

しかし、ある日のゲストだけは違いました。その方は、どこか苦々しげにも見える表

情でこう言ったのです。

「諦めることも常に視野に入れつつ頑張ってください」

テレビ的にはギリギリのコメントだったのではないかと思います。言外に「そんな不条理な働かされ方をしているのが本当だったら、そこは辞めた方がいいのでは」というニュアンスを読み取ったのは、決して私だけではなかったでしょう。その時以来、私はその方に対して、とても冷静で誠実な、信頼できる方というイメージを持ち続けています。俳優の本木《もとき》雅弘《まさひろ》さんです。

現代においては、少なくともその当時よりは、料理人の労働環境はずいぶん改善されていると思います。歯を食いしばって耐えしのぶことが美徳とされる価値観も、おおよそ過去の物になりつつあります。むしろ、時にそれは「やりがい搾取」として糾弾されるまでに至りました。それが行き過ぎるのもまた問題なのではないか、ということは既に書きました。

しかしそういう世の中になってもやはり、料理人を諦めざるを得なくなる人は後を絶ちません。これから料理人になろうと考えている方に冷や水を浴びせるようで心苦しくはあるのですが、こればかりは厳然たる事実として心に留めておくべきかと思います。

本木雅弘さんのおっしゃったように、「諦めることも常に視野に入れつつ」というのは「頑張る」ために必要なことだと思います。辞めることはいつでもできる、と思うからこそ、今だけは頑張りたいことを頑張ろう、と思えるのではないかと私は考えています。

料理人を諦めた人々

私もこれまで、料理人仲間がその道を諦めた場面に何度も遭遇してきました。

ある仲間は、店に出入りする担当の広告代理店の営業マンにそれとなくスカウトされ、結局そっちに行ってしまいました。料理人にしては珍しく（？）極めてコミュ力に優れた愛嬌《あいきょう》のある人物でしたので、確かに向いていたと思います。彼はその後なんと、その店の担当を引き継ぎ、再びそこに出入りすることになりました。当然ながら店の内情をよく知っている彼は、持ち前の愛嬌も手伝い、優秀な営業マンとして愛されました。

本書でも紹介しましたが、身体能力抜群の料理人がボクサーに転身したこともありました。親の代から引き継いだ店を閉め、副業としてやっていた会社に専念する決心をした店主もいました。

しかし、こういった前向きな転身ばかりではありません。仕事が肉体的に、あるいは精神的に辛くて、逃げるように辞めていく例はもちろんあります。業界全体の労働改善は確実になされているとは言っても、少なくとも楽な仕事ではありませんし、「割に合わないのでは」と感じる人がいるのはむしろ当然なのかもしれません。それは完全に個人の価値観の問題です。

個人の価値観などとは言っていられないケースもあります。家族やパートナーとの関係性において、それが起こることも少なくありません。

ある若い女性料理人は、付き合い始めた彼氏に、仕事を「辞めさせられ」ました。二人の間でどういう事情ややりとりがあったかは知る由もありませんが、彼女はそのままキャバクラに就職することになりました。彼女にとってどちらが幸せだったのかを他者が云々《うんぬん》するものではありませんが、残された我々はずいぶん心配したものです。

和食店で若くして板長を務める腕利きの仲間が、食品工場に転職したこともありました。工場の方が給料がいい、という理由もあったようですが、それは概《おおむ》ね、奥さんからの懇願によるものでした。若い頃からの付き合いだったので、当初は料理人という仕事を理解してくれていたようなのですが、お子さんができて意識が少し変わったようでした。夕方に定時で帰ってこられて、決まった休日も確保される仕事に就いてほしいというのが、その要望だったのです。彼は最後「料理人なんて、いい年していつまでもやってる仕事じゃないっすよ」と、あたかも「一抜けた」と言わんばかりに去っていきました。本心だったのか強がりだったのかは、これもまた知る由もありません。

このように、パートナーからの要望を汲《く》んだ結果、料理の世界を去っていくケースは、実は決して少なくありません。逆に、現代における「独立」の多くが、想《おも》いを同じにする夫婦の協業で成り立っているのも事実です。「パートナーは同業者の中から選ぶべし」とまで言ってしまうのもあまりに打算的ですが、やはりこれも厳然たる事実として、心に留め置いておくに越したことはないと思います。

自分語りになって恐縮ですが、私は今でこそ料理人という仕事は天職であったと確信していますが、決して最初からそうであったわけでもありません。私が若い頃は今より社会全体にもう少し余裕がありましたから、料理人を諦めることになっても、「フリーター」として何とかやっていけるだろうとたかを括《くく》っていました。奥さんにも「いざとなったらわたしが食わせてあげるから、とりあえず好きなことをすれば」と、有難いにも程があることを言ってもらえていました。いざとなったらフリーターをしながら主夫業を、なんて、あまりパッとしないセカンドプランと思われるかもしれませんが、少なくとも私はそれがあったから、変に追い詰められることもなくやってこられたような気もします。

「周りの人たちが優秀すぎて」と辞めていった仲間もいました。客観的に見て、彼が優秀じゃないなんてことはなかったと思います。しかし、料理人を続けて最終的に独立に至ることのできる人は、なんだかんだ言って一握りです。その冷徹な事実に、ふと怯んでしまったということなのかもしれません。

これと少しだけ似たところもある話で、第6章でご紹介したように、キッチンから出て店長職を経て、複数店舗のマネージメント、そして会社全体の経営部門、と組織内での順当なキャリアアップを果たしたケースもありました。彼も最初は、独立して自分の店を持つという目標を持っていたのですが、ある時、社内の料理人の名前（その中には私の名前もありました）を数人挙げ、「僕は彼らみたいな『料理バカ』にはなりきれないってわかりました。だから自分は自分のできることをやります」と、管理業務に専念することを宣言し、その大役を見事に果たしたということになります。

料理人の転身

私は最近、食品メーカーや流通、料理系の出版社など、社外の方たちと仕事をすることが増えてきたのですが、実はそういうところにも「元料理人」は結構います。すべて何らかの食品と関わる仕事なので当たり前と言えば当たり前でもあるのですが、料理人として過ごしたキャリアは、間違いなく現在の仕事に充分に生かされています。

その中でちょっと面白かったのは、カメラマンに転身された方に二人もお会いしたことでした。料理人目線で料理を撮るわけですから、きっとどこでも、特に料理を作る側からありがたがられているのではないかと思いました。

食品メーカーでの商品開発は、料理人としてのスキルをストレートに生かせる仕事かもしれません。もちろんこの世界は極めてシビアな世界でもあり、お店の料理とは、方法論自体もまったく異なります。なろうと思ってすぐなれる職種ではありませんが、食を愛する人ならとてもやりがいのある仕事であろうことは間違いありません。

最後に少し、こういった転身の中でも少し異色な「料理家」という仕事についてもお話ししておきます。飲食店で腕を振るう「料理人」とは違い、書籍などでオリジナルレシピを発表することが仕事になっている人々が、一般的に「料理家」と呼ばれています。かつては「料理研究家」と呼ばれることが多かったような気がしますが、「研究」とまで言うと少し大仰なイメージもあるので、最近は少しカジュアルにこう呼ばれているといったところでしょうか。

かつて料理（研究）家としてデビューするには、徒弟制度的に有名料理家のアシスタントや料理学校の講師を経て、というケースがほとんどだったようですが、今は、SNSや動画サイトでバズってそのままデビュー、というようなケースもずいぶん増えています。正直、目指してなるような仕事ではないと思いますが、料理人の仕事の傍ら趣味的にこういう活動をしてみるのは、余暇の使い方としてなかなか有意義なのではないでしょうか。

「バズってデビュー」組の中には、一度もプロとして料理を作った経験の無い方もいらっしゃいます。そこがまたこの世界の面白さではあるのですが、やはりここでもプロの料理人としての経験やスキルは、かなり役立つ要素です。料理経験のあまり無い人向けに、とても簡単かつキャッチーなレシピをエンターテインメント的に発表し続けて今や大人気のある料理家さんも、実は元料理人。しっかりとした経験やスキルが裏にあるからこそ、一見簡単なレシピにも、確実性と圧倒的な説得力が生まれるのです。

本書の中でも私は何度か、「料理人になること自体は簡単だけど、一生続けていけるのは一握り」ということを書いてきました。これから料理人の道を目指そうという人に言うべきことではないのでは、と何度か逡巡《しゅんじゅん》もしましたが、事実は事実であり、そこを伏せて夢だけ追ってもらっても仕方あるまいと考えたのです。

しかしこの章で書いてきたように、料理人という仕事は、その先にまた違う様々な可能性が分岐している仕事でもあります。もちろん、時にそこには挫折もあれば不本意な転身もあるかもしれませんが、あえてちょっと無責任な言い方をすれば「人間万事塞翁が馬」です。何が結果的に幸せに繋《つな》がるのかは誰にもわかりません。

ただひとつ言えることは、食を楽しみ料理を愛することは、それ自体が人生の楽しみであるということです。それが何らかの形で自分の仕事になるというのは、料理人であってもそれ以外でも、まずは幸せなことなのではないでしょうか。あとはただ、その幸せを可能な限り最大化すべく、〝諦めることも常に視野に入れつつ〟頑張ってほしい、と心から願っています。

料理人になるためのQ＆A

和食、中華、洋食などジャンルを横断して学ぶことはできますか？

ジャンルを横断して学ぶことは充分可能ですし、個人的にはむしろおすすめします。

2ジャンル学ぶのには倍の時間がかかりそうなイメージもありますが、決してそんなことはありません。ジャンルが違っても、基礎技術や基本知識といったものは、案外共通しています。ですのでひとつのジャンルを既にマスターしていたら、次に別のジャンルに移っても、そこでの習得はかなりスムーズなはず。

フレンチの料理人は、イタリアンの経験もあることが多いようです。イタリアンの方が店舗数が圧倒的に多いというのもあるでしょうし、正直イタリアンの方が、多くの日本人に好まれやすい（そして利益を出しやすい）現実もあります。フレンチとイタリアンだと、共通する要素もかなり多いので、両方を並行して習得しやすいというのもあるでしょう。

ジャンルを横断して学ぶことで、「イタリアンを取り入れた和食」「フレンチ的なおしゃれ中華」などの独自性の高い業態を作れるのも魅力ですが、どちらかと言うとそれは差別化が特に重要になる大都会に限られた話でもあるでしょう。むしろ大事なのは、違うジャンルを知ることで、元々のジャンルの理解がより深まる、という部分なのかもしれません。私の場合、最初に学んだのが和食でしたが、後に南インド料理を学んだことで、それまで気付いていなかった和食の重要な一面に気付くことができました。

エスニックなどのマイナージャンルや、ラーメンやカレーなどの専門店を最終的に志す場合、和食やイタリアンなどの「体系が既に充分確立されている技術」を学ぶことが特に有効だと思います。純粋に技術の幅が広がりますし、ちょっといやらしいことを言えば、自分に箔《はく》をつけることもできるからです。もちろん自信も付くでしょう。

お金とやりたいこと、どちらを優先すべきでしょうか？

昭和の時代、おそらくほとんどの料理人はお金のために、言い換えると、安定した生活が担保される「食いっぱぐれが無い」職業として、その仕事を選んでいたのではないかと思います。

その後グルメブームが到来すると、料理人は「やりがいのあるクリエイティブな仕事」ともみなされるようになりました。料理人の地位も向上したと思います。しかし、その地位向上により収入面にまで恩恵を受けた人は、あくまでごく一握りでした。むしろ経済が成長する中で、料理人の待遇はそれに取り残され、相対的に低くなるばかりでした。

私はまさにその時代の人間です。料理人の仲間内で集まると度々、「こんな仕事、よっぽど好きじゃないとやってられないよな」という、自嘲と誇りがない混ぜになった話題が出たものです。首尾よく独立して、しかもそれが大当たりすれば豊かな暮らしができる、という「ワンチャン」はありましたが、その確率の低さも理解していました。

現代における料理人の待遇は、他と比べてさほど遜色がなくなってきていると思います。それは全体の景気が悪くなっている中でのあくまで相対的な話だったり、圧倒的な人材不足から来るものであったりもするので、決して手放しでは喜べないかもしれませんが。

しかしそうは言っても、どちらを優先すべきかと聞かれたら、私は「やりたいこと」と答えます。遜色なくなってきたとはいえ、もっと効率よく稼げる仕事は、探せばまだまだいくらでもあるからです。ただしそのやりたいことを継続するために、お金は何より大事です。やりたいことで食べていくために、必要分はしっかり稼ぐ、ということが大事だと思います。

匂いに鈍感なのですが、これは料理人になるうえでハードルになりますか？

味覚も含めて感覚には個人差もあるのは確かですが、その差は案外わずかなのではないかと思っています。匂いに敏感な人は、感覚自体もさることながら、それをいかに言語化できているかでもあるのではないでしょうか。ワインの評価がまさに典型的なそれですね。「熟れたバナナ」「トーストしたパン」「なめし革」「火薬」など、なるほどと思うものから本当に?!　と思うものまで、多彩な表現があります。

そしてそういった多彩な表現と実際の匂いを結びつけるものは、経験の積み重ねでしかありません。常に意識して経験を重ねれば、少しずつであっても確実に、わずかな違いも感知できるようになるはずです。

料理以外の部分は、どこで学ぶのがよいですか？

基本的には、飲食業に必要なスキルはすべて飲食店で学べます。逆に言うと、料理ができるだけでは務まらない世界なので、続けていく中で否応なしに身に付けざるを得なくなるということでもあります。

とは言うものの特殊な世界であることも事実なので、一般的な「社会人としての常識」の一部が欠けがちになるのもまた確かです。それこそ「メールのやり取りの仕方」や「名刺の渡し方」「常識的な言葉遣い」みたいな。でもそれも、少なくとも店長職を経験すれば、失敗しながら身に付くことになりますが、他業界から中途で入って来る人はそういう意味でも重宝される面はあると思います。

ルーティンワークが苦手な自分も料理人になれますか？

あえて乱暴に言いますが、「苦手か得意かじゃねえよ、やるんだよ！」といったところでしょうか。そもそも飲食業に限らず、世の中の仕事のほとんどはルーティンワークです。人気ミュージシャンが何百回もライブの度に代表曲を演奏するのだって、結局は同じことです。綺麗事《きれいごと》にも聞こえるかもしれませんが、ルーティンワークであっても、それはやる度に何らかの発見があることも少なくありません。発見が無かったとしても、それでしか身に付かないタイプのスキル向上は確実にあります。

もちろん、すべてのルーティンワークがそうだと強弁するつもりもありません。ものすごくざっくり言うと、①楽しい仕事が一〇％、②やりがいや成長のあるルーティンワークが三〇％、③ひたすら我慢する仕事が六〇％、みたいな感じでしょうか。もちろんこの感じ方は個人差も大きいわけですが、大事なのは、③から逃げたら必然的に①も放棄することになる、ということです。なおかつ②は、漫然とこなすだけだとすぐに③になります。①を最大限楽しめて、②だと思える範囲を拡大できるかどうかが、すなわち適性です。

少なくとも料理だけに関して言えば、「出世」するほど、①の割合は増えていくはずです。料理長に昇り詰めるというのは、つまりそういうことです。そのためには、②によってスキルアップを続けることが何より重要です。それをイメージすることができれば、やるんだよ！　の意味が理解できるのではないでしょうか。

海外などの現地で修業する必要はありますか？

一九七〇～八〇年代の日本のフレンチやイタリアンは、本場で修業したシェフが続々と帰国したことで大発展を遂げたと言います。そういう話を前提にすると、「海外修業を経ないと本格的な料理は作れない」と思ってしまいそうですが、それは少し違うのかもしれません。

当時と今とでは、状況が全然違います。かつては、それまで日本にほとんど存在しなかった本場の味を、誰かが持ち帰らなければならなかった。それを果たしたのが当時のスターシェフたちです。しかし今の世の中には、それが既に溢《あふ》れています。言うなればインフラが整っている状態であり、それをうまく活用する方が手っ取り早いとも言えます。インフラという意味では、海外の生の情報をネットなどでリアルタイムで手に入れることも容易《たやす》くなりました。

私の知り合いのとあるシェフは、仲間内でほぼ唯一、海外経験がありませんでした。

しかしまさにそういうインフラをうまく活用し、持ち前の研究熱心さもあって、海外組にまったく引けを取らない評判を勝ち得ていました。彼は、「一度も行かずにずるずるここまでやってきたから、それが自分の売りってことにして、これからもあえて行かずに貫いてみます」と言っていました。それはある種の「自虐ギャグ」であると共に、揺るぎない自信の表れだったとも思います。

ただし日本の外国料理は、多かれ少なかれ日本人の好みに合わせてアレンジがなされてもいます。ベースになっているのはもちろん本場のそれですが、その元を知っているかどうかはやはり違います。そういう意味では、日本の店である程度経験を積み、なおかつ国内において数少ない本場そのままを志向する店のことも（働かずともお客さんの立場ででも）知った上で、改めて本場に赴いてそのリアルな様子を知る、というのが有効なのではないかと個人的に思っています。店に在籍して働くのが一番でしょうが、旅行の延長として滞在し食べ歩くだけでも、内情はそれなりに想像できるでしょうから、得るものは大きいはずです。

調理師専門学校では海外研修がカリキュラムに含まれていたりするケースもあります

が、まだほぼ何も知らない状態で行っても、何が違うのか、どういう部分が特別なのかはよくわからないままでしょう。もちろん若いうちに、まっさらな状態でその空気に触れる、ということ自体には何らかの意義があると思いますが。

まとめると、海外修業は必須ではない、しかし本場を知ること自体には大きな意味がある、ということになるでしょう。そしてそのタイミングは、何も知らない状態で行くより、ある程度経験を積んだ後の方がより効果的である、と。まあ両方のタイミングでどっちも行ければ、それに越したことはないのでしょうが。

そもそも料理に「コツ」ってあるんですか?

料理のすべては、何らかの理論に基づいています。コツと言われるものはまず、その理論を正しく理解することに他ならないと思います。例えばビーフシチューを作るとき、最初に肉の表面をしっかり焼き付けることはコツのひとつです。これは「肉の表面を焼き付けることで旨味《うまみ》を閉じ込めるため」と説明されることが多いのですが、それは間違いです。焼き目をつけることで起こるメイラード反応が料理全体に良い風味をプラスするというのが正解。これを知っていれば、応用も効きますし、無駄な工程を省くこともできます。

しかしそれを知っているだけでは不完全です。実際の微妙な加減は、なかなか言語化できるものではありません。繰り返し実践あるのみです。知識と実践が両輪となって、料理をおいしく安定的に作れるようになる、その技術こそがコツというものだと思います。

ホールや接客のプロになりたいと思っていますが、料理のことはどのくらい知っているとよいですか？

これは私が色々なお店でアルバイトをしていた時代に度々見てきたことなのですが、普段営業中はサービスマンとして働いている店長始め熟練ホールスタッフも、キッチンの人手が足りないと、度々呼び込まれて料理の仕事を手伝っていました。そしてそんな時の彼らの手際は、例外なく見事なものでした。私はある時、「店長って料理もできたんですね」と、思ったことをそのまま口に出してしまい、「あほか、当たり前やろ」と笑って小突かれたものです。

私は単純に「すげえな」と思っていましたが、自分が店を回す立場になると、むしろそれが当たり前であることに気が付きました。要するに、よほど分業がはっきりしているごく一部の大規模店（ホテルなど）を除けば、飲食店の人間、特に正社員は、何でもやらなきゃいけないんです。本文の方で「料理人はサービスもできなければならない」

と書きましたが、逆もまたしかり、ということですね。

そんな感じなので、基本的な技術面は、否応なしに身に付くことになります。むしろ問題は料理に関する知識の方かもしれません。知識に関しては、はっきり言って、料理人と同レベルかそれ以上のものを身に付ける必要があります。なぜか。料理人は極端、実技さえこなせれば知識は無くても何とかなります（それだと先々厳しくはなりますが……）。しかし、サービスマンはそうはいきません。なぜなら現代のお客様は、プロ並みかそれ以上に知識豊富な方がごろごろいらっしゃるからです。自分たちが提供する料理についてはもちろん、その周辺にまつわること、食文化や食材について、などなど、サービスマンこそ「食オタク」でないと務まらないのが現代だと思います。

ワンオペでお店を始めようと思いますが、それって可能でしょうか？

今の若い方はイメージしづらいかもしれませんが、オヤジさんが一人で切り盛りするような食堂や居酒屋では、「何でもお客さんが自分でやる」システムのお店があります。ビールは店内の冷蔵庫から自分で取って、そこにぶら下がる栓抜きで開けたり、忙しくなるとカウンターの常連さんが急遽《きゅうきょ》配膳係になってテーブル席に料理を運んだり。

飲食業界の人手不足が深刻になり始めた頃、私は半ば冗談で、「レストランも将来的にああなればいいのではないか」みたいなことを言っていました。お客様が「ワインください」と言ったら、オーナーシェフが「ワインセラーから好きなの取って自分で抜栓して！」みたいな。

今のところ、さすがに自分でワインの抜栓をする店は見たことはありませんが、ワンオペかそれに近い形態のレストランで、サービスを極力簡略化する店は、どんどん増えている印象です。あまり親切ではないけれど、そこそこの値段で本格的な味を楽しませてくれるワンオペ店は、今後むしろ独立の主流になってもおかしくないと思います。

　もちろん体力的には大変で、いくら簡略化すると言っても高いスキルが求められますが、まあこれは独立する以上、何オペでも結局同じことかもしれません。スキルの方向性が少し違うだけです。何よりワンオペは、誰にも気兼ねせず、自分が働きたいだけ働けます。同じレベルをスタッフに求めることは不可能な時代です。しんどくてもそれが気楽で楽しそうだと思えるなら、ぜひチャレンジしてみてほしいと思います。ワインを自分で抜栓する店、誰かやってください。

従業員との関係性を大事にするにはどうすればよいですか？

実のところ、これは私もよくわかりません。ただ、今はスタッフが長続きしない、すぐ辞めてしまう、ということがよく言われますが、私自身はそれはある意味で好ましい状況だとも思っています。昔の飲食店だったら、店主は親兄弟も同然で、従業員を家族のように可愛《かわい》がり、時には厳しく叱りつけ、情でがんじがらめの中、それでもお互い居心地が良く……みたいなことが理想とされがちでした。もちろんそれは常にうまく行くわけでなく、今で言うパワハラやブラック労働の温床にもなっていました。

私自身は、そういうウェットで封建的な関係性が昔から苦手でした。その意味では私自身は世代としては例外的に、今の若者たちの感覚に近かったのかもしれません。自分は店から技術と金をもらって労働力を提供する。時には楽しみとしての仕事をする、そのための場も提供してもらっている。だからその店にそういう利用価値がある限りそこに居続けるし、その間、店は自分を存分に利用すれば良い。どちらかに利用価値が無くなった時点で、縁はそれまでである……というドライな関係です。

雇う側になった今も、これが正解だと思っています。つまり店や自分自身に、スタッフにとっての利用価値があることが大事だということです。そのために常に新しい技術も生み出し続けるし、なるべく楽しんで働ける場を提供し続ける、というかそれしかない。給料にはどうしても構造上限界があるけど、そういったソフトの面は自分たち次第です。

この考えが本当に正解なのか、そしてそれを実際にやれているのかは正直わかりません。しかし自分としてはそれ以外に方法は無いと考えています。プラス、（これも合ってるかどうかわからないのですが）常に自分自身が機嫌よく楽しそうにしていること。まあ実際楽しいからフリでも何でもないのですが、その姿から「飲食業のいったい何が楽しいのか」「どうしたらあんな楽しそうでいられるのか」が伝わるといいなあ、と思っています。

稲田さんはいつ自分は料理人としてやっていけると感じましたか？

学生の頃からずっと飲食業に興味はありましたが、「自分は料理人になどなれるはずがない」とも思っていました。料理人は若いうちから辛く苦しい修業に励んだ、もしくは調理師学校で高度な専門技術を学んだ、「特別な人々」だとも思っていました。

しかしその後社会に出て、営業などの仕事を通じてオーナーシェフも含む料理人の方々と実際に接し、またお店の舞台裏のことも知っていく中で、だんだん「案外この人たちも普通の人なのかもしれない」と思い始めました。もちろん中にはすごい人もいましたが、「この程度でいいのであれば自分もやれるのでは」と感じることも多かったのです。ただしこの時点でそう思ったのは、後で考えると、完全に自分の思い上がりでした。まだまだ世間知らずの、若気の至りです。

ともあれそんな二〇代後半の頃、料理人の友人に思い切って、「自分のような者でも料理人になれるだろうか」と、相談してみました。すると彼は即座に「お前だったらどこに行っても重宝がられるよ」と言ってくれました。まあもちろん気を遣って、ないしは調子良く言ってくれたんだと思いますが、私は彼のことを全面的に信頼していたので、都合よく鵜呑《うの》みにしました。これが（まだ本格的には始めてもいないのに）やっていけると思った瞬間でした。

実際始めると、徐々に自分の思い上がりにも気づき始めました。しかし同時に自信も付いてきました。いや、もしかしたらそれは因果関係が逆だったのかもしれません。経験を重ねることで、かつての自分の思い上がりに気づいた、ということです。何にしてもその頃には既に、料理人以外の仕事に就くことは、一切考えられなくなっていました。

ちくまプリマー新書

192
ソーシャルワーカーという仕事
宮本節子
ソーシャルワーカーってなにをしているの？ 70年代から第一線で活躍してきたパイオニアが、自らの経験を迫力いっぱいで語り「人を助ける仕事」の醍醐味を伝授。

244
ふるさとを元気にする仕事
山崎亮
さびれる商店街、荒廃する里山、失われるつながり。転換期にあるふるさとを元気にするために、できることはなにか。「ふるさとの担い手」に贈る再生のヒント。

361
子どもを守る仕事
佐藤優
遠藤久江
池上和子
いま、児童福祉の仕事が見なおされています。保育士、教員、里親、児童養護施設職員――。本書では、子どもの命と生活を守る職業の魅力と働き方を考えます。

384
ファッションの仕事で世界を変える
――エシカル・ビジネスによる社会貢献
白木夏子
地球を蝕む社会問題への取組みと、キラキラ輝く自分の夢の追求と、ビジネスへの挑戦心――すべて一緒に叶えるのがエシカル・ビジネス。その実践への教科書。

354
公務員という仕事
村木厚子
時に不祥事やミスなどから批判の対象になる公務員だが、地道に社会を支えつつ同時に変化を促す素晴らしい仕事だ。豊富な経験を元に、その醍醐味を伝える。

ちくまプリマー新書

201
看護師という生き方
宮子あずさ
看護師という仕事は、働く人の人間性に強く働きかけ、特有の人生を歩ませる。長く勤めるほど味わいが増すこの仕事の魅力に職歴二六年の現役ナースが迫る。

249
生き物と向き合う仕事
田向健一
獣医学は元々、人類の健康と食を守るための学問だから、動物を救うことが真理ではない。臨床で出合った生き物たちを通じて考える命とは、病気とは、生きるとは?

146
スポーツを仕事にする!
生島淳
選手以外にもこんな道が! 急増する大学のスポーツ関連学科や、急成長する職業の今をレポート。イチローのトレーナーやメダリストの広報などへのインタビューも。

234
「和食」って何?
阿古真理
海外からきた食文化を取り入れることで、日本の食は大きく進化してきた。そのなかで変わらずにいるコアな部分とは何か。私たちの食と暮らしをもう一度見直そう。

316
なぜ人と人は支え合うのか
――「障害」から考える
渡辺一史
障害者を考えることは健常者を考えることであり、同時に自分自身を考えること。なぜ人と人は支え合って生きるのかを「障害」を軸に解き明かす。

ちくまプリマー新書462
料理人《りょうりにん》という仕事《しごと》
二〇二四年七月十日　初版第一刷発行

著者　稲田俊輔（いなだ・しゅんすけ）

装幀　クラフト・エヴィング商會
発行者　喜入冬子
発行所　株式会社筑摩書房
東京都台東区蔵前二‐五‐三　〒一一一‐八七五五
電話番号　〇三‐五六八七‐二六〇一（代表）

印刷・製本　中央精版印刷株式会社

ISBN978-4-480-68489-9 C0277 Printed in Japan